KB150917

임태형 · 류지헌 ○○○

전남대학교 교육문제연구소
THE INSTITUTE OF EDUCATIONAL RESEARCH, CHONNAM NATIONAL UNIVERSITY
전남대학교 교육문제연구소 총서 2

교사를 위한
챗GPT 활용 핸드북

초보자를 위한 스마트한 질문 기술

ChatGPT User Handbook for Teachers

박영story

머리말

    AI가 교사 직업을 대체할 순 없지만 오히려 교사에게 가장 필요한 도구라고 생각합니다. AI·디지털 기반 교육의 대전환 시기에 교사에게 요구되는 가장 중요한 역량 중 하나는 챗GPT 활용 역량일지도 모릅니다. '교사를 위한 챗GPT 활용 핸드북'은 초·중등 교사, 학교 관리자를 대상으로 다양한 챗GPT 활용방안을 제시합니다. 특히, 이 책은 교수 설계적 관점에서 수업과 관련된 다양한 활용예시를 포함하였습니다. 이 핸드북을 활용하여 챗GPT가 교사 업무에 어떤 형태로든 활용되기를 바랍니다. 그리고 이를 계기로 교사 커뮤니티 내에서 건강한 챗GPT 활용방안이 공유되고, 우리나라 초·중등 교육의 발전을 위한 담론을 형성할 수 있기를 기대합니다.

2023. 6. 1.

저자 임태형, 류지헌 씀

차례

당부의 말씀

교사는 챗GPT의 답변에 대해서 최종적인 검토 및 확인을 해야 합니다. 실제로 챗GPT의 답변은 의도하지 않은 오류를 포함할 수 있습니다. 그렇기 때문에 챗GPT를 올바르게 사용하기 위해서는 챗GPT의 답변을 검증하는 것이 선행되어야 합니다. 또한, 이 핸드북에 제시된 챗GPT의 답변은 GPT-4모델을 활용하였습니다. 일반적으로 GPT-3.5모델을 많이 사용하고 있기 때문에 핸드북에 제시된 프롬프트들을 따라 해 보시면서 독자분들의 GPT-3.5모델 답변과, 핸드북에 나온 GPT-4모델의 답변을 비교해보시기 바랍니다. 추가로, GPT-4에서 플러그인(Plug-in)을 활용하면 GPT-3.5가 하지 못하는 다양한 기능들을 추가로 이용할 수 있습니다.

챗GPT의 활용과
책의 구성

이 책은 학교현장에 있는 교사들이 챗GPT를 효과적으로 활용할 수 있도록 하기 위한 것입니다. 챗GPT를 활용할 때, 주의해야 할 사항을 살펴보고, 어떤 방식으로 적용할 것인지를 확인할 수 있습니다.

학교교육에서 활용할 수 있는 영역을 구분해서 유용한 프롬프트를 제시했습니다. 또한 각 프롬프트 별로 챗GPT의 응답을 제시하고 있습니다. 챗GPT의 사용방법에는 정답이 없습니다. 오히려 사용경험을 축적함으로써 정교한 대화를 진행하는 것이 중요합니다. 챗GPT에 대한 질문내용을 얼마나 잘 제시하는가에 따라서 결과물이 달라질 수 있습니다.

챗GPT의 효과적 사용을 위한 주의사항

챗GPT를 사용할 때는 세 가지 규칙을 생각하면서 적용하는 것이 중요합니다. 첫째, 자료생성이나 점검을 할 때는 자료생성에 필요한 제약조건을 구체적으로 제시해야 합니다. 상세한 제약조건을 제시할수록 생성된 자료의 효용성이 더 높아진다고 할 수 있습니다. 연령, 대상, 내용영역, 주제뿐만 아니라 요구하는 방향을 명료하게 제시해야 합니다.

둘째, 챗GPT와의 대화를 정교화하는 것이 중요합니다. 우리가 하나의 주제를 중심으로 대화를 이어가는 것과 마찬가지로 챗GTP도 특정 주제를 중심으로 대화를 이어가듯이 하나의 주제를 유지하면서 원하는 자료가 생성될 수 있도록 내용을 상세화해야 합니다.

셋째, 특정한 정보나 맥락이 필요한 활동에는 챗GPT를 사용하는 것이 적절하지 않습니다. 예를 들어서 소속 학교의 특징이나 어떤 맥락(법령 등)을 정확히 알고 있어야 하는 경우에는 챗GPT를 사용하는 것이 적합하지 않다는 의미입니다. 만약 이런 용도로 사용해야 한다면, 챗GPT와의 프롬프트 정교화 과정을 거쳐서 맥락에 적합한 답변을 찾아야 합니다.

마지막으로 챗GPT의 자료를 최종적으로 사용하기 전에는 내용의 오류 등을 점검해 줘야 합니다. 잘못된 내용이 포함될 수 있기 때문에 최종 결과는 교사가 직접 검토하고 사용에 대해 결정해야 합니다.

책의 구성

이 책은 다섯 장으로 구성되어 있습니다. 1장은 챗GPT를 사용하기 위한 기본적인 프롬프트 작성 방법을 설명하기 위한 것입니다. 이

장에서는 챗GPT와의 대화방법을 이해하기 위한 것입니다. 여기에서는 대화맥락을 형성하기 위한 프롬프트 정교화 과정을 아는 것이 중요합니다. 프롬프트를 작성할 때, 포함시켜야 할 핵심어 등이 무엇인지 다양한 사례를 통해서 배울 수 있습니다. 또한 챗GPT에게 응답을 할 때, 특정한 관점으로 설명할 수 있도록 하는 역할을 부여하거나 답변 스타일을 지정할 수도 있습니다.

2장은 수업준비 및 활동 설계를 위한 챗GPT 활용방안을 위한 예시를 제공하기 위한 것입니다. 여기에서는 학습자의 수준, 맞춤형 내용 구성, 수업상황을 고려한 지도전략 등에 대한 내용을 구성할 수도 있습니다. 실제 수업이 전개되는 상황에서의 활동설계에 대한 내용을 알아볼 수도 있습니다. 수행 촉진을 위한 피드백에 대한 질문을 할 수도 있고, 수업활동 자체를 상세하게 구성할 수 있도록 질문할 수도 있습니다.

3장은 학생들의 결과물 등을 평가하고 비교하기 위한 내용을 다루고 있습니다. 챗GPT는 텍스트 형태로 구성된 내용을 요약하거나 비교분석할 수 있습니다. 이 장에서는 이런 기능을 효과적으로 활용하기 위한 방법을 알려주기 위한 것입니다. 특히, 루브릭(평가기준표)을 다양하게 생성할 수 있을 뿐만 아니라 평가목표 및 맥락에 맞는 평가도구를 개발할 수도 있습니다. 이런 루브릭을 잘 활용하면 방대한 양의 학습활동 결과에 대해서도 적절한 피드백을 제공할 수 있습니다. 글쓰기 자료를 종합적으로 비교하거나 요약해봄으로써 학생들의 전반적인 성과내용을 확인해 볼 수도 있습니다.

4장은 학급 및 학교 관리를 위해서 사용할 수 있는 챗GPT의 기능을 설명하고 있습니다. 간단히 생성해 보는 학급규칙이나 시간표 배정 등의 내용을 적용해 볼 수 있습니다. 이와 같이 챗GPT는 문서의 생성뿐만 아니라 관리적인 목적으로도 활용될 수 있습니다.

5장은 플러그인을 활용한 확장 기능에 대한 것입니다. 챗GPT가 소개된 이후로 많은 활용방법이 제시되었습니다. 이렇게 활용역량을 넓히기 위해서는 플러그인을 활용해야 합니다. 이 장에서는 학교현장에서 적용해 볼 수 있는 기본적인 확장 기능을 알아보겠습니다.

모든 예시문 다음에는 프롬프트를 연습할 수 있는 구성요소를 간단히 제시하고 있습니다. 이런 프롬프트 예시문을 통해서 챗GPT가 더 적절한 응답을 할 수 있도록 구성하시기 바랍니다. 또한 이 책의 부록에는 여기에서 사용된 모든 프롬프트를 모아 두었습니다. 프롬프트의 요소와 형식을 배우는 데 도움이 될 것입니다.

Chapter 01

프롬프트 작성 기본 가이드

챗GPT에게 대화에 필요한 맥락과 데이터를 충분히 먼저 알려주세요. 우리는 상황 맥락을 잘 알고 있는 사람과 대화할 때, 상황에 대한 주변정보를 생략하고도 대화가 가능합니다. 챗GPT에게도 그런 배경정보를 알 수 있도록 알려주어야 합니다. 챗GPT에게 역할을 부여해주세요. 그 역할에 충실히 따르며 적절한 답변을 생성하려 할 것입니다. 초등학생이 할 답변과 전문가가 할 답변의 내용은 분명 다릅니다. 챗GPT에게 원하는 답변의 분량, 단어의 선택 등에 대한 사항을 상세히 지정해주세요. '500자 분량으로 추상적 단어를 주로 써서 구어체로' 이런 방식으로 상세히 주문해보세요.

◆ 대화 맥락을 충분히 알려주세요.

단원 진단평가를 간단히 만들어봅시다.

중학교 2학년 과학교과목 '전기와 자기' 단원을 위한 사전진단평가 문항 3문항을 만들어줘.

1. 다음 중 전기를 만드는 데 필요한 3가지 기본 요소는 무엇인가요?
   - A. 전류, 전압, 저항
   - B. 전자, 전류, 전압
   - C. 전압, 전류, 저항
   - D. 전자, 전압, 저항

   2. 자석의 두 끝을 '극'이라고 합니다. 자석의 서로 다른 극끼리는 어떤 반응을 보이나요?
   - A. 동일한 극끼리는 서로 끌린다.
   - B. 동일한 극끼리는 서로 밀린다.
   - C. 서로 다른 극끼리는 서로 끌린다.
   - D. 서로 다른 극끼리는 서로 밀린다.

   3. 전구를 켜는 스위치를 누르면 전구가 켜지는 이유를 전기회로의 관점에서 설명해주세요.

(위 문항은 짧은 에세이 형식의 답변이 필요합니다.)

단원 내용을 추가로 제시해주면 (내용 맥락 추가) 더 나은 답변을 받을
수 있습니다.

중학교 2학년 과학교과목 '전기와 자기' 단원을 위한 사전진단평가 문항 3문항을 만들
어줘. 단원의 세부 내용은 (1) 전기의 발생, (2) 전류와 전압, (3) 전압, 전류, 저항 사
이의 관계, (4) 전류의 자기 작용에 대한 내용이야.

그러면, 해당 단원을 위한 사전 진단 평가 문항을 다음과 같이 제안합
니다.

1. **전기의 발생**
   - 정적 전기와 전류 전기 중, 리모컨이나 휴대폰과 같은 일상생활에서 자주 쓰이
     는 전자 기기에서 주로 사용되는 전기는 무엇인가요?

2. **전류와 전압**
   - 전류(I)와 전압(V)을 가장 잘 설명하는 명제를 선택하시오.
     1) 전류는 전기 에너지의 양을 나타내며, 전압은 전기 에너지의 흐름을 나타낸다.
     2) 전류는 전기 에너지의 흐름을 나타내며, 전압은 전기 에너지의 양을 나타낸다.
     3) 전류와 전압 모두 전기 에너지의 양을 나타낸다.
     4) 전류와 전압 모두 전기 에너지의 흐름을 나타낸다.

3. **전압, 전류, 저항 사이의 관계**
   - 오름의 1등식인 옴의 법칙은 전압, 전류, 저항 사이의 어떤 관계를 나타내는가?

4. **전류의 자기 작용**
   - 전류를 통해 생성된 자기장이 주변 환경에 미치는 영향에 대해 설명해보세요.

이런 문항들은 학생들이 각 세부 주제에 대한 이해도를 검사할 수 있습니다. 이들의 답변을 통해 교사는 학생들이 단원의 핵심 개념을 얼마나 잘 이해하고 있는지 판단할 수 있습니다.

프롬프트 연습 (1)

- 프롬프트 작성시 대화 맥락을 충분히 알려줍니다.
- '과학교과 문제를 만들어 줘'라는 프롬프트 대신 [교육과정 및 단원], [학생 정보], [학습 목표] 등을 포함하여 형성평가를 만들어 달라고 요청하세요.
- (예시1) 중학교 3학년 학생들이 과학교과에서 '멘델이 밝힌 유전원리'에 대한 주제로 수업 받을 예정이야. 학습목표는 '유전의 뜻을 알고 멘델의 실험과정을 설명할 수 있다'이며, 학생들이 수업을 잘 들었는지 확인하기 위한 형성평가용 과학문제 3문제를 만들어 줘. 단원의 세부 내용은 (1) 유전의 정의, (2) 멘델의 실험과정, (3) 분리의 법칙이다.
- (예시2) 중학교 2학년 학생들이 역사교과에서 '세대대전과 국제질서의 변화'에 대한 주제로 수업을 받을 예정이야. 학생들의 주의 집중을 유도하기 위해 '1차 세계대전이 일어난 이유'에 대해서 지적 궁금증을 유발할 수 있는 짧은 토픽을 제안해 줘.

◆ 적절한 역할을 부여해주세요.

학부모 상담 시 쓸 수 있는 대화를 물어봅시다.

같은 반 학생을 때린 학생 A의 학부모와 상담을 하려고 해. 문제를 언급해야 하는데,
어떻게 대화를 시작해야 할까? 구어체로 제시해 줘.

먼저, 상황을 충분히 공감하는 톤으로 문제를 제시하고, A학생의 행동에 대한 진실한
논의를 시작하는 것이 중요합니다. 다음은 이를 위한 대화 시작 예시입니다.

"안녕하세요, A 학생의 부모님. 오늘은 학교에서 일어난 어떤 사건에 대해 이야기하려
고 합니다. 우선, 아무래도 이런 이야기를 가져오게 되어 죄송하다는 말씀을 드리고 싶
습니다."
"최근, A 학생이 같은 반의 다른 학생을 때린 사건이 있었습니다. 이 사건에 대해 부모님
께서는 어떤 생각을 가지고 계신지 궁금합니다. 물론, A 학생도 그의 이야기를 할 기회
가 필요하다는 것을 알고 있습니다. 그렇지만, 이런 행동이 반복되면 학교생활에 심각한
문제를 초래할 수 있기 때문에 이에 대해 이야기하는 것이 필요하다고 생각합니다."

이렇게 대화를 시작하면 A 학생의 부모님도 이 문제에 대해 진지하게 생각하게 될 것
이고, 함께 해결 방안을 모색하는 데 동참하게 될 것입니다.

20년 경력의 베테랑 상담교사라는 역할을 부여해 봅시다.

너는 20년 경력의 베테랑 상담교사야. 같은 반 학생을 때린 학생 A의 학부모와 상담을 하려고 해. 문제를 언급해야 하는데, 어떻게 대화를 시작해야 할까? 구어체로 제시해 줘.

안녕하십니까, A 학생의 부모님? 저는 이 학교의 상담교사입니다. 부모님과 이야기를 나누고 싶어서 연락드렸습니다.

최근 A 학생이 약간의 사회적 문제를 겪고 있음을 알게 되었습니다. 며칠 전 A 학생이 같은 반의 다른 학생을 때린 사건이 있었습니다. 이는 교육 환경에서 바람직하지 않은 행동이며, 또한 학교의 규칙에 어긋납니다.

이런 문제들은 학생 개개인의 성장과 발전에 있어서 중요한 이슈이기 때문에, 협력해주실 것을 부탁드립니다. 이에 대해 어떻게 생각하시는지, 또 어떻게 해결해 나가실 계획이신지 의견을 교환해볼 수 있을까요?

문제를 해결하고, A 학생이 학교생활에서 더욱 긍정적인 경험을 할 수 있도록 함께 협력해 나가면 좋을 것 같습니다. 많은 이야기와 의견을 나누어 주시면 감사하겠습니다.

프롬프트 연습 (2)

- '역할 프롬프팅(role-prompting)'은 챗GPT에게 역할을 부여하는 것을 의미합니다. [대학 교수]가 [대학생]에게 설명할 때와 [유치원 교사]가 [초등학생]에게 설명할 때는 내용의 깊이와 드는 예시도 다를 것입니다.
- '학부모 상담'이라는 프롬프트 대신 [화자], [청자]를 명확하게 구분하고 챗GPT의 역할을 구체적으로 요청하세요.
- (예시1) GPT 너의 역할은 20년 차 고등학교 3학년 담임 선생님이야. A 라는 학생이 수업태도가 불량하고 교사의 권위에 도전하며, 험한 말을 자꾸 내뱉어. 이와 관련하여 부모님을 모시고 상담을 진행하려 해. 부모님께 문제를 언급하고, 해결 방안에 대한 대화를 진행하기 위해 담임 선생님으로서 해야 할 말을 구어체로 제시해 줘.
- (예시2) GPT 너의 역할은 5년차 고등학교 1학년 상담 선생님이야. B라는 학생이 수업태도가 불량하고 교사의 권위에 도전하며, 험한 말을 자꾸 내뱉어. 이와 관련하여 부모님을 모시고 상담을 진행했어. 이러한 상담과정이 잘 진행되었는지 상담전문가에게 슈퍼비전을 받고 싶어. 초보 상담자로서 대화를 시작하기 위해 해야 할 말을 구어체로 제시해 줘.

◆ 답변의 분량과 스타일을 지정해주세요.

답변의 길이를 길게 혹은 짧게 부탁해보세요. 특정 글자 수 제한을 지정해보세요. 문어체, 구어체 등의 스타일을 지정하세요. 전문용어를 위주로 하거나 쉬운 용어로 바꿔서 설명하도록 해보세요.

중학교 2학년 과학교과목 '전기와 자기'에서 옴의 법칙을 설명하려고 하는데, 최대한 전문적 용어를 포함해서 간결하게 설명해 줘.

옴의 법칙은 전기 회로의 기본 원칙 중 하나로, 전기 전류, 전압, 그리고 저항 사이의 관계를 설명합니다. 이 법칙은 독일의 물리학자인 Georg Simon Ohm이 1827년에 제안한 것으로, 전압(V)은 전류(I)와 저항(R)의 곱으로 표현될 수 있습니다. 이 관계를 수식으로 표현하면, V = IR입니다.

이렇게 옴의 법칙은 전류가 흐르는 전자회로에서 저항이 고정되어 있다면, 전압이 높아질수록 전류도 증가하고, 전압이 낮아질수록 전류도 감소한다는 것을 보여줍니다. 이는 중학생들이 전기에 대해 이해하는 데 필수적인 원리입니다.

위의 내용을 구어체로, 500자 정도로, 쉬운 단어 위주로 재구성해 봅시다.

중학교 2학년 과학교과목 '전기와 자기'에서 옴의 법칙을 설명하려고 하는데, 최대한 쉬운 단어와 비유를 써서 구어체 방식으로 500자 정도로 제시해 줘.

옴의 법칙이라는 것은 전기의 세계에서 중요한 법칙 중 하나입니다. 이 법칙을 이해하려면 먼저 '전압', '전류', '저항'이라는 세 가지 요소를 알아야 해요.

'전압'은 전기 에너지를 움직이게 하는 힘 같은 것이에요. 예를 들면, 수도관에 물을 흘려보내는 것을 생각해보세요. 그럼 수도관의 한쪽 끝에 있는 물탱크는 '전압'과 비슷하게 생각할 수 있어요. 물탱크가 높을수록 물이 더 잘 흐르는 것처럼, 전압이 높을수록 전기가 더 잘 흐릅니다.

그 다음은 '전류'입니다. '전류'는 전기가 흐르는 양을 말해요. 앞서 말한 수도관에서 물이 흐르는 양을 생각하면 이해하기 쉬울 거예요.

마지막으로 '저항'이에요. 이건 전기가 흐르는 것을 어렵게 만드는 요소인데, 수도관에서는 물이 흐르는 것을 어렵게 만드는 요소, 예를 들면 파이프의 길이나 굴곡 등을 생각하면 될 것 같아요.

이제 이 세 가지 요소가 어떻게 연결되는지 볼게요. 옴의 법칙은 '전압은 전류와 저항의 곱과 같다'는 것을 말해요. 쉽게 말해서, 물탱크의 높이(전압)는 물의 흐름(전류)과 파이프의 어려움(저항)을 곱한 것과 같다고 생각하면 돼요. 이걸 이해하면 전기의 움직임을 더 잘 이해할 수 있을 거예요.

프롬프트 연습 (3)

- 프롬프트 작성시 원하는 답변 분량, 단어 선택, 스타일 등의 사항을 상세히 지정합니다.
- 'OO 법칙을 설명해 줘'라는 프롬프트 대신 [답변의 길이: 길게/짧게], [말투 및 어미 등의 스타일: 구어체/문어체], [전문용어], [일반적 용어] 등을 포함하여 학습지도안용 설명자료를 만들어 달라고 요청하세요.
- (예시1) GPT 너는 대학교수야. 중학교 2학년 과학교과목 '멘델의 독립의 법칙'에 대해서 과학교과 예비교사를 대상으로 설명하려고 하는데, 대학생이 이해할 수 있도록, 답변의 길이를 50단어 수준으로 길게, 문어체로, 전문적 용어를 포함하여 간결하게 설명해 줘.
- (예시2) GPT 너는 10년 차 중학교 과학교사야. 중학교 2학년 과학교과목 '멘델의 독립의 법칙'에 대해서 중학생 2학년을 대상으로 설명할 거야. 중학생이 이해할 수 있도록 최대한 쉽고 간단한 비유를 들어주고, 답변의 길이를 250단어 수준으로 길게, 구어체 방식으로 제시해 줘.

Chapter 02

수업준비 및 활동설계

교사의 주요 업무 중 하나는 수업입니다. 수업을 준비하기 위해서는 '분석→설계→개발→실행→평가'의 체제적 교수설계 과정을 따릅니다.

학생들 수준 진단을 위한 간단한 퀴즈를 만들어 보는 것은 어떨까요?

수업지도안 작성이 어렵다면 제안을 받아보는 것은 어떨까요?

특정 교과 단원의 학습 목표 달성을 위한 조별 활동 방안을 추천받아보는 것은 어떤가요?

실제 수업에서 학생들의 답변에 어떤 피드백을 해 줘야 할지 고민이 된다면 어떻게 해야 할까요?

수업 준비 및 실제 수업에서 활용될 수 있는 다양한 활용방안을 소개합니다.

◆ 학습자 수준 분석을 위한 문제 생성

학생의 수준을 진단할 수 있는 문제를 난이도별로 만들어 보세요.

중학교 1학년 수학교과목에서 '최소공배수'에 관한 학생들의 이해력을 평가할 수 있는 5지 선다형 문제를 '상-중-하 난이도별로 3개씩' 작성해 줘. 각 문제에 대한 정답을 제시해주고, 정답에 대한 해설도 설명해 줘.

알겠습니다. 여기 중학교 1학년 학생들의 '최소공배수'에 대한 이해를 평가할 수 있는 5지 선다형 문제를 난이도별로 준비했습니다.

상 난이도

1. 다음 수들의 최소공배수를 구하시오: 15, 20, 30

   - A. 60
   - B. 120
   - C. 150
   - D. 180
   - E. 210

정답 B. 120

해설 최소공배수는 각 수의 배수 중에서 공통으로 나타나는 가장 작은 수입니다. 15, 20, 30의 경우, 120이 이 세 수의 배수 중에서 가장 작은 공통 배수입니다.

2. 한 수열에서 3, 5, 7의 배수가 모두 포함되려면, 그 수열의 첫 번째 항이 어떤 수의
   배수여야 하는가?
   - A. 15
   - B. 35
   - C. 105
   - D. 210
   - E. 315

정답 C. 105

해설 이 문제는 3, 5, 7의 최소공배수를 찾는 것입니다. 최소공배수는 이 세 수가
모두 나눌 수 있는 가장 작은 수이므로, 이 경우에는 105가 됩니다.

중 난이도

1. 다음 수들의 최소공배수를 구하시오: 6, 9, 12
   - A. 18
   - B. 36
   - C. 54
   - D. 72
   - E. 90

정답 B. 36

해설 이 수들의 최소공배수는 이 세 수가 모두 나눌 수 있는 가장 작은 수이므로,
이 경우에는 36입니다.

2. 다음 수들의 최소공배수를 구하시오: 3, 8, 10
   - A. 24
   - B. 30
   - C. 40

- D. 60
- E. 120

정답 D. 60

해설 이 수들의 최소공배수는 이 세 수가 모두 나눌 수 있는 가장 작은 수이므로, 이 경우에는 60입니다.

하 난이도

1. 다음 수들의 최소공배수를 구하시오: 2, 5
  - A. 2
  - B. 5
  - C. 10
  - D. 20
  - E. 25

정답 C. 10

해설 2와 5의 최소공배수는 이 두 수가 모두 나눌 수 있는 가장 작은 수이므로, 이 경우에는 10입니다.

2. 다음 수들의 최소공배수를 구하시오: 4, 6
  - A. 6
  - B. 8
  - C. 12
  - D. 24
  - E. 36

정답 C. 12

해설 4와 6의 최소공배수는 이 두 수가 모두 나눌 수 있는 가장 작은 수이므로, 이 경우에는 12입니다.

프롬프트 연습 (4)

- 학습자 수준에 맞는 문제를 제공받고 수준별 수업에 활용할 수 있습니다.
- [학년][교과목]에서 [교육과정 및 교과서에 제시된 학습목표]를 평가할 수 있는 [문제 유형]을 [수준/난이도]별로 각각 [수준/난이도별 문제 개수]씩, 총 [전체 문제 개수]개의 문제 생성을 요청하세요. 각 문제에 대한 정답과 해설도 함께 요청할 수 있습니다.
- (예시1) 중학교 과학에서 '하루 동안 태양과 달의 위치가 달라진다는 것을 지구의 자전으로 설명할 수 있다'를 평가할 수 있는 4지 선다형 문제를 '상-중-하'별로 2개씩, 총 6개의 문제를 작성해 줘. 각 문제에 대한 정답도 해설과 함께 제시해 줘.
- (예시2) 중학교 수학 교과에서 '이차방정식'을 평가할 수 있는 단답형 문제를 '상중하'별로 2개씩, 총 6개의 문제를 작성해 줘. 각 문제에 대한 정답도 해설과 함께 제시해 줘.

◆ 학생 맞춤형 수업지도안 초안 개발

수업지도안(Lesson Plan) 작성을 위한 맥락을 충분히 제공해주고, 초안 개발을 부탁해보세요.

중학교 1학년 수학교과목에서 '최소공배수'에 대한 주제로 수업을 하려고 해. 단순 강의식이 아니라, 그룹활동을 포함하는 학습자중심수업으로 하려고 해. A반은 우수학생들 반이고, B반은 학습수준이 낮은 학생들 반이야. A반과 B반의 수준을 고려해서, 각각의 수업지도안을 제시해 줘. 각 수업은 45분이고, 반드시 조별 학습활동을 포함해 줘.

수학 수업에서 '최소공배수' 주제를 다루는 수업지도안을 제시해 드리겠습니다. 아래의 수업지도안은 A반과 B반의 수준을 고려하여 설계되었으며, 각각의 수업은 45분 동안 진행됩니다. 조별 학습활동을 포함하여 학습자 중심의 수업을 진행하도록 구성하였습니다.

A반 수업지도안
목표: 최소공배수의 개념을 이해하고, 최소공배수를 구하는 방법을 익힌다.

1. 도입(10분)
- 학생들에게 최소공배수가 무엇인지 묻고, 이에 대한 간단한 설명을 제공합니다.
- 최소공배수가 왜 중요한지와 실생활에서 어떻게 활용되는지 예시를 들어 설명합니다.

2. 기본 개념 이해(10분)
- 학생들을 3~4명씩의 그룹으로 나눕니다.

- 각 그룹에게 최소공배수에 대한 문제를 주고, 함께 토의하고 해결해보도록 유도합니다.
- 그룹별로 문제 해결 과정을 발표하고, 학생들 간의 의견을 공유하도록 유도합니다.

3. 문제 해결 방법 소개(10분)
- 학생들에게 최소공배수를 구하는 방법을 소개합니다.
- 최소공배수를 구하는 두 가지 주요 방법(공식적인 방법과 최소공배수를 구하는 과정을 이용하는 방법)에 대해 설명합니다.
- 예시 문제를 활용하여 학생들과 함께 문제를 해결하는 과정을 실습합니다.

4. 심화 활동(10분)
- 학생들을 다시 그룹으로 나누어 조별 과제를 수행하도록 합니다.
- 각 그룹은 주어진 문제를 해결하는 과정을 함께 토의하고, 최소공배수를 구하는 방법을 적용합니다.
- 그룹별로 해결 과정과 결과를 발표하고, 다른 그룹들과 비교하여 토의하도록 유도합니다.

5. 정리 및 평가(5분)
- 학생들에게 최소공배수의 개념과 구하는 방법에 대한 요약을 요구합니다.
- 간단한 문제를 출제하여 학생들의 이해도를 평가합니다.

B반 수업지도안

목표: 최소공배수의 개념을 이해하고, 최소공배수를 구하는 방법을 실생활 예시를 통해 이해한다.

1. 도입(10분)
- 학생들에게 최소공배수에 대한 예시를 제시하고, 그 중심에 실생활 상황을 연결시켜 설명합니다.

- 최소공배수가 왜 필요한지와 실제로 어떻게 활용되는지에 대해 이야기합니다.

2. 문제 해결 과정 소개(10분)
- 학생들을 4~5명씩의 그룹으로 나눕니다.
- 각 그룹에게 최소공배수를 구하는 문제를 주고, 함께 토의하고 해결해보도록 유도합니다.
- 그룹별로 문제 해결 과정을 발표하고, 학생들 간의 의견을 공유하도록 유도합니다.

3. 실생활 예시와 함께(15분)
- 학생들에게 최소공배수와 관련된 실생활 예시를 제시합니다. (예: 음식 주문 시 최소 공배수 계산, 버스 도착 시간 계산 등)
- 학생들을 그룹으로 나누어 주어진 예시 문제를 해결하도록 유도합니다.
- 각 그룹은 해결 과정과 결과를 발표하고, 다른 그룹들과 토의하도록 유도합니다.

4. 문제 응용하기(10분)
- 학생들에게 응용문제를 제시하여 최소공배수를 구하는 방법을 실제 상황에 적용해보도록 유도합니다.
- 학생들은 그룹별로 문제를 해결하고, 그룹 단위로 결과를 발표합니다.

5. 정리 및 평가(5분)
- 학생들에게 최소공배수의 개념과 구하는 방법을 간단히 정리해보도록 유도합니다.
- 간단한 문제를 출제하여 학생들의 이해도를 평가합니다.

위의 수업지도안은 A반과 B반의 학습 수준을 고려하여 각각의 특징에 맞게 설계되었습니다. 학생들이 조별로 협력하여 문제를 해결하고 의견을 공유하면서 수업을 진행함으로써 학습자 중심의 활동적인 수업을 제공할 수 있을 것입니다.

프롬프트 연습 (5)

- 수업 목표, 수업의 주안점, 학습활동 등 필요한 맥락을 충분히 제공해 주면 수업지도안 초안을 제공받을 수 있습니다.
- [교육과정 및 교과서에 제시된 학습목표], [수업방법], [필요한 학습활동], [수업 모형], [수업 분량] 등을 포함하여 수업지도안(lesson plan)을 만들어달라고 요청하세요.
- (예시1) 중학교 1학년 수학 교과에서 '최소공배수'에 대한 주제로 수업을 하려고 해. 수업 모형은 문제기반학습(PBL: problem-based learning)으로, 조별활동은 직소우(Jigsaw) 모형을 적용하여 수업지도안을 제안해 줘.
- (예시2) 중학교 1학년 국어 교과에서 '면담하기'에 대한 주제로 수업을 하려고 해. 수업 모형은 협동학습(cooperative learning)이고 학생활동이 많은 수업이면 좋겠어. 수업시간은 45분이야. 다음 사항을 만족하는 수업지도안을 만들어 줘.
  - 성취기준: 목적에 맞게 질문을 준비하여 면담한다.
  - 평가기준(상): 면담 목적과 면담 대상에 적합한 질문을 체계적으로 준비하여 면담 상황에 맞도록 적절하게 질문하며 면담을 하고 이를 바탕으로 기사문의 형식에 맞게 면담 기사문을 쓸 수 있다.

◆ 학습목표-수업활동-평가문항의 일치

학습 목표 설정과 그에 알맞은 수업 활동, 그리고 평가 문항은 그 일치(alignment)가 중요합니다. 목표 설정부터 평가까지 수업을 설계해보세요.

중학교 1학년 수학교과목에서 '최대공약수' 수업을 설계하려고 해. 학습목표는 '최대공약수의 성질을 이해하고, 이를 구할 수 있다.'라고 나와 있어. 이를 위한 (1) 학습활동을 설계해주고, (2) 학습목표 달성을 평가하기 위한 평가문제를 작성해 줘. 학습활동은 모범예제(worked-out example)를 활용한 자기주도형 활동으로 설계해주고, 평가문제는 단순한 수준의 문제에서 응용형 문제까지를 포함해 5문제를 출제해 줘.

네, 그럼 최대공약수에 대한 학습 활동과 평가 문제를 작성해 보겠습니다.

1. 학습 활동 설계

단계 1. 예비 지식 검증
- 학생들에게 약수와 공약수에 대한 이해를 확인하기 위한 간단한 퀴즈를 제공합니다.

단계 2. 최대공약수 개념 설명
- 선생님이 최대공약수의 정의와 성질에 대해 설명합니다. 예를 들어, 2개 이상의 수가 공통으로 가진 약수 중 가장 큰 수를 최대공약수라고 하며, 최대공약수는 항상 해당 수들 중 가장 작은 수보다 같거나 작다는 것을 알려줍니다.

단계 3. 모범 예제 제공 및 풀이

- 선생님이 최대공약수를 찾는 방법에 대한 모범 예제를 제공하고, 그 풀이 과정을 설명합니다. 예를 들어, 18과 24의 최대공약수를 구하는 문제를 들 수 있습니다.

단계 4. 자기 주도 학습

- 학생들에게 다양한 수의 집합을 제공하고, 그들에게 최대공약수를 구하도록 합니다. 이를 통해 학생들은 스스로 최대공약수를 찾는 방법을 연습할 수 있습니다.

2. 학습 목표 달성 평가 문제

문제 1. (기본 수준)
12와 18의 최대공약수는 무엇인가요?

문제 2. (기본 수준)
21, 35, 49의 최대공약수는 무엇인가요?

문제 3. (중간 수준)
다음 중 45의 약수가 아닌 것을 고르시오: 1, 3, 5, 9, 15, 20, 45.

문제 4. (중간 수준)
16과 24의 최대공약수는 어떻게 구할 수 있나요? (단계별로 설명해주세요)

문제 5. (응용 수준)
24, 36, 48의 최대공약수는 12입니다. 이를 이용하여 36, 48, 60의 최대공약수를 추정해 보세요. 그리고 당신의 추정이 맞는지 확인해주세요.

후속 질문을 이어가 보세요. 챗GPT가 답변한 내용을 지적하고, 추가적인 답변을 요구해보세요.

'단계 3. 모범 예제 제공 및 풀이' 단계를 위해 학생에게 제공할 활동지를 만들고 싶어. 모범 예제를 포함한 활동지 내용을 작성해 줘.

활동지: 최대공약수를 찾는 방법

목표: 이 활동을 통해 학생들은 최대공약수의 개념을 이해하고, 두 수의 최대공약수를 구하는 방법을 배울 것입니다.

1. 개념 복습
약수란 어떤 수를 나누어 떨어뜨릴 수 있는 수를 말합니다. 예를 들어, 4의 약수는 1, 2, 4입니다. 왜냐하면 4를 1, 2, 4로 나누면 나머지가 0이기 때문입니다.

공약수란 두 수 이상이 공통으로 가지는 약수를 말합니다. 예를 들어, 4와 6의 공약수는 1, 2입니다. 왜냐하면 4와 6을 1, 2로 나누면 나머지가 0이기 때문입니다.

2. 모범 예제
이제 두 수 18과 24의 최대공약수를 구하는 방법을 살펴보겠습니다.

단계 1: 먼저, 두 수의 약수를 찾습니다.
- 18의 약수: 1, 2, 3, 6, 9, 18

– 24의 약수: 1, 2, 3, 4, 6, 8, 12, 24

단계 2: 다음으로, 두 수의 공약수를 찾습니다.
– 18과 24의 공약수: 1, 2, 3, 6

단계 3: 마지막으로, 공약수 중에서 가장 큰 수를 찾습니다. 이 수가 바로 두 수의 최대공약수입니다.
– 18과 24의 최대공약수: 6

3. 자기주도 활동
아래의 수들의 최대공약수를 찾아보세요.
1) 15와 25
2) 12와 16
3) 21과 28

힌트: 위의 모범 예제를 참고하여 각 단계를 따라해보세요.

프롬프트 연습 (6)

- 차시 수업을 위한 세부 내용을 기획할 때 '목표-활동-평가'가 일치된 형태로 수업을 설계할 수 있습니다.
- [학년], [교과목], [단원명], [교육과정 및 교과서에 제시된 학습목표]를 제시해 주고 (1) 수업활동 설계를 요청할 수 있습니다. [전체 수업 시간]과 [수업활동 유형]도 제안해 달라고 해 보세요. 또한 (2) 학습목표 달성을 평가하기 위해 [형성평가 유형]과 [평가문항 개수]를 설정하여 평가문항 및 각 문제에 대한 정답과 해설을 요청할 수 있습니다.
- (예시1) 중학교 음악교과의 '표현하며 소통하기' 단원의 수업을 설계하려해. 학습목표는 '악곡의 특징을 이해하며 개성 있게 노래를 부르거나 악기로 연주할 수 있다'야. 이를 위한 (1) 수업활동을 설계해 줘. 수업활동 시

간은 45분이고, 프로젝트형으로 설계해 줘. (2) 학습목표 달성을 평가하기 위한 평가문항을 수행평가 형태로 2개 작성해 줘.

- (예시2) 고등학교 '확률과 통계' 과목에서 '확률' 단원의 수업을 설계하려고 해. 학습목표는 '조건부확률의 의미를 이해하고, 이를 구할 수 있다'야. 이를 위한 (1) 학습활동을 설계해 줘. 학습활동 시간은 50분이고, 협동학습으로 설계해 줘. (2) 학습목표 달성을 평가하기 위한 평가문제를 선다형 형태로 2개 작성해 줘. 각 문제에 대한 정답을 제시해주고, 정답에 대한 해설도 설명해 줘.

◆ 수업 방법 및 전략 추천받기

수업 목표 달성을 위해 사용할 수 있는 수업 방법 및 전략을 추천받아
보세요.

중학교 1학년 수학교과목에서 '최대공약수' 단원의 수업을 설계하려고 해. 학습목표는
'최대공약수의 성질을 이해하고, 이를 구할 수 있다.'라고 나와 있어. 이 학습목표 달성
을 위한 수업방법 및 전략을 3가지 정도 제시해 줘. 그리고 각 방법 및 전략마다 활용
할 수 있는 수업 활동을 2가지씩 추천해 줘.

---

1. 직접 체험하며 학습하는 방법(Experiential Learning)
수업 방법: 학생들에게 직접 최대공약수를 찾는 활동을 시켜, 학생들이 최대공약수의
개념을 이해하도록 한다.

- 활동 1: 블록 게임을 활용해 최대공약수를 이해하게 하는 것이다. 예를 들어, 12개
  와 18개의 블록을 가진 두 조각으로 학생들에게 나눠주고, 이 블록을 최대한 큰 같
  은 크기의 블록 조각으로 나누게 한다. 이 활동을 통해 학생들은 12와 18의 최대공
  약수인 6을 찾게 될 것이다.
- 활동 2: 학생들에게 두 수의 최대공약수를 찾는 작은 프로젝트를 주고, 프로젝트를
  통해 학생들이 최대공약수를 계산하는 방법을 배우게 한다.

2. 쌍방향 대화를 통한 교육 방법(Interactive Dialogic Teaching)
수업 방법: 학생들과 대화를 통해 학습을 이끌어내는 방법. 이를 통해 학생들이 고민하
고, 질문하며, 자신의 생각을 표현하게 하여 문제를 해결하는 능력을 키울 수 있다.

- 활동 1: 수업 중에 질문을 던져 학생들의 생각을 유도한다. 예를 들어, "24와 36의 최대공약수는 무엇일까?"라는 질문을 던져보고 학생들이 어떻게 문제를 접근하고 해결하는지 관찰한다.
- 활동 2: 학생들에게 문제를 제시하고 토론시간을 가진다. 예를 들어, 서로 다른 두 수의 최대공약수에 대해 그룹별로 토론하게 하고, 그 결과를 전체에게 공유하게 한다.

3. 기술을 활용한 수업 방법(Technology-Assisted Instruction)
수업 방법: 기술을 활용하여 학습 활동을 진행하고, 학생들이 최대공약수를 이해하고 계산하는 방법을 배울 수 있게 한다.

- 활동 1: 인터넷에서 최대공약수를 찾는 온라인 게임이나 앱을 활용한다. 학생들은 게임을 통해 최대공약수를 찾는 연습을 할 수 있고, 동시에 학습에 대한 흥미를 유지할 수 있다.
- 활동 2: 인터랙티브 화이트보드를 사용하여 최대공약수를 계산하는 방법을 시각적으로 보여준다. 이를 통해 학생들이 공약수를 찾고, 이 중에서 가장 큰 수를 찾는 과정을 이해할 수 있게 한다.

프롬프트 연습 (7)

• 수업목표 달성을 위한 수업방법과 전략을 추천받고, 다양한 수업을 진행할 수 있습니다.
• [학년], [교과목], [단원명], [교육과정 및 교과서에 제시된 학습목표], [전체 수업방법 및 전략의 개수]를 제시하고 각 방법 및 전략마다 활용할 수 있는 수업 활동을 [전체 수업 활동 개수]씩 추천 받을 수 있습니다. 활동별 시간, 주의사항 및 고려사항도 함께 요청하세요.
• (예시1) 고등학교 통합과학에서 '환경과 에너지-생태계와 환경' 단원의 수업을 설계하려고 해. 학습목표는 '에너지가 전환될 때의 에너지 보존 법칙을 설명할 수 있다'야. 학습목표 달성을 위한 수업방법 및 전략을 2개를

제시해 줘. 그리고 각 방법 및 전략마다 활용할 수 있는 수업 활동을 2개씩 추천해주고, 활동별 시간, 주의사항 및 고려사항도 함께 제시해 줘.

- (예시2) 고등학교 영어권문화 과목에서 '생활양식, 풍습, 사고방식' 단원의 수업을 설계하려고 해. 학습목표는 '영어권 문화에 대한 글을 읽고, 생활양식, 풍습, 사고방식 등을 파악할 수 있다'야. 수업시간은 50분씩 2차시 분량이야. 학습목표 달성을 위한 수업방법 및 전략을 2개를 제시해 줘. 그리고 각 방법 및 전략마다 활용할 수 있는 수업 활동을 2개씩 추천해주고, 활동별 시간, 주의사항 및 고려사항도 함께 제시해 줘.

◆ 사전학습을 위한 핵심 용어집 제작

기본개념을 미리 숙지해온다면 본 수업이 매우 원활하게 진행될 수 있습니다. 사전학습원리(pre-training principle)를 위한 용어집을 만들어보세요.

중학교 2학년 과학교과목 2단원은 '전기와 자기'에 대한 내용이야. (1) 전기의 발생, (2) 전류와 전압, (3) 전압, 전류, 저항 사이의 관계, (4) 전류의 자기 작용에 대한 내용이 있어. 이 단원을 학습하기 위해 필요한 핵심개념들을 용어집(glossary of terms)으로 제공해 줘.

네, "전기와 자기"에 대한 학습을 위한 주요 개념과 정의들을 아래와 같이 정리해보겠습니다.

1. 전기의 발생
- 정전기(Static Electricity): 물질이 음이나 양의 전하를 가짐으로써 발생하는 전기. 마찰, 압력 등에 의해 발생합니다.
- 전기전도(Electrical Conduction): 전자가 물질 내에서 이동함으로써 전기가 전달되는 현상.
- 발전기(Generator): 기계적 에너지를 전기에너지로 변환하는 장치. 주로 동력을 사용해 자기장 내에서 전도체를 움직여 전류를 유발합니다.

2. 전류와 전압
- 전류(Electric Current): 단위 시간 동안 어떤 단면을 통과하는 전하의 양. 단위는

암페어(Ampere, A)입니다.

- 전압(Voltage): 두 점 사이의 전기적 잠재력 차이. 전류를 유발하는 원인으로, 단위는 볼트(Volt, V)입니다.

3. 전압, 전류, 저항 사이의 관계
- 옴의 법칙(Ohm's Law): 전류는 전압과 직접 비례하고 저항과 반비례한다는 원칙. $I = V/R$ (I는 전류, V는 전압, R은 저항)
- 저항(Resistance): 전류의 흐름을 방해하는 물체의 특성. 단위는 옴(Ohm, Ω)입니다.

4. 전류의 자기 작용:
- 자기장(Magnetic Field): 전류를 통해 생성되며, 다른 전류에 힘을 미치는 영역.
- 오른손의 법칙(Right-Hand Rule): 전류의 방향과 자기장의 방향 사이의 관계를 나타내는 규칙.
- 전자기 유도(Electromagnetic Induction): 변화하는 자기장 내에서 전류를 유발하는 현상.

이러한 용어와 개념들을 이해하고 숙지하는 것은 이 단원을 학습하는 데 중요합니다. 각 개념을 깊이 이해하면서, 그들이 어떻게 서로 관련되어 있는지 파악하려고 노력해보세요.

프롬프트 연습 (8)
- 사전에 배경지식이 필요한 학습내용을 설계할 때, 또는 단원을 새롭게 전개하기 전에 학생들에게 핵심 개념을 제공하는 자료로서 핵심용어집을 제작할 수 있습니다.
- [학년], [교과목], [단원명], [핵심개념으로서 차시 키워드 및 주제]를 나열하고 단원을 학습하는 데 필요한 핵심개념들을 용어집(glossary of

terms)으로 요청하세요.

- (예시1) 고등학교 '윤리와 사상' 교과의 '동양과 한국윤리사상' 단원의 수업을 설계하려고 해. '동양 윤리사상들, 한국 윤리사상들, 선진유교, 이황, 이이, 심성론, 수양론, 조선 성리학, 정약용, 실학, 대승불교, 중관사상, 유식사상, 교종, 선종, 한국불교, 노자, 장자, 도교, 동양의 이상적 인간상'에 대한 내용이야. 이 단원을 학습하는 데 필요한 핵심개념들을 용어집(glossary of terms)으로 제공해 줘.
- (예시2) 고등학교 '화학Ⅱ' 교과의 '물질의 변화-에너지 출입' 단원의 수업을 설계하려고 해. '엔탈피, 열화학반응식, 헤스 법칙, 화학 전지, 전지분해, 수소연료 전지'에 대한 내용이야. 이 단원을 학습하기 위해 알고 있어야 할 기본 핵심개념들을 용어집(glossary of terms)으로 제공해 줘.

◆ PPT 작성을 위한 슬라이드 개요 작성

수업 PPT 작성에 시간을 소요하지 마세요. 각 슬라이드별로 제목과 개요, 그리고 내용을 제공받으세요. 반드시 교과서 내용과 비교해서 알맞은 내용인지 점검해주세요.

중학교 2학년 과학교과목 2단원은 '전기와 자기'에 대한 내용이야. (1) 전기의 발생, (2) 전류와 전압, (3) 전압, 전류, 저항 사이의 관계, (4) 전류의 자기 작용에 대한 내용이 있어. 이 중, (1) 전기의 발생 부분 1차시를 위한 PPT슬라이드를 10장 정도로 만들고 싶어. 각 슬라이드별로 제목(title)과 개요를 소제목(sub-headings)형태로 제공해 줘. 내용은 개조식으로 불릿포인트로 구분해서 제작해 줘.

네, 요청하신 내용대로 10장의 PPT 슬라이드를 설계해 드리겠습니다. 전기의 발생에 대한 내용을 중점으로 두겠습니다.

슬라이드 1: 제목
- Title: 전기의 발생
- Sub-heading: 과학이야기의 시작
- Bullets:
  • 오늘의 목표: 전기가 어떻게 발생하는지 배우기
  • 이해하고자 하는 핵심 주제: 정전기, 전류

슬라이드 2: 정전기란?
- Title: 정전기의 이해

- Sub-heading: 충전체의 이동
- Bullets:
  - 정전기의 정의
  - 어떻게 발생하는가?
  - 일상생활에서의 예시

슬라이드 3: 벤자민 프랭클린의 실험
- Title: 벤자민 프랭클린과 전기
- Sub-heading: 첫 번째 전기 발생 실험
- Bullets:
  - 프랭클린의 비둘기 실험 설명
  - 프랭클린의 전기 이론 소개

슬라이드 4: 전기의 이중성
- Title: 전기의 이중성
- Sub-heading: 양성과 음성
- Bullets:
  - 전기의 양성과 음성 설명
  - 이중성의 의미

슬라이드 5: 전자의 이동
- Title: 전자의 이동
- Sub-heading: 전류의 시작
- Bullets:
  - 전자가 움직일 때 전기가 생긴다는 개념 설명
  - 전자의 이동 방향

슬라이드 6: 전지의 작동 원리
- Title: 전지와 전기 발생

- Sub-heading: 화학적 에너지에서 전기 에너지로
- Bullets:
  • 전지의 구조와 작동 원리
  • 전지를 통한 전기 발생 과정

슬라이드 7: 발전소와 전기 생산
- Title: 발전소에서의 전기 발생
- Sub-heading: 기계적 에너지에서 전기 에너지로
- Bullets:
  • 발전소에서의 전기 발생 과정 설명
  • 다른 발전 방법과 비교(화력, 수력, 원자력, 풍력 등)

슬라이드 8: 전기의 중요성
- Title: 전기의 중요성
- Sub-heading: 현대 사회에서의 역할
- Bullets:
  • 일상생활에서의 전기 사용 예시
  • 전기 없이는 상상할 수 없는 현대 사회

슬라이드 9: 전기 안전
- Title: 전기와 안전
- Sub-heading: 안전하게 전기를 사용하기
- Bullets:
  • 전기에 대한 위험성
  • 안전하게 전기를 사용하는 방법

슬라이드 10: 요약과 다음 주제 소개
- Title: 요약 및 다음 주제로의 연결
- Sub-heading: '전류와 전압'으로의 다음 단계

- Bullets:
  - 오늘 배운 내용 요약
  - 다음 주제 '전류와 전압' 소개

이런 형태로 PPT 슬라이드를 구성하면 전기의 발생에 대한 주요 내용을 체계적으로 설명할 수 있습니다. 여기서 더 추가하거나 수정하고 싶은 내용이 있으시면 알려주세요.

어떤 식으로 설명을 해야 할지 고민이 되나요? 대사 스크립트도 부탁해 보세요.

각 슬라이드별로 내가 설명할 내용의 스크립트를 구어체로 알려줘.

네, 각 슬라이드에 대한 설명 스크립트를 아래에 제공드리겠습니다.

슬라이드 1: 제목
- "안녕하세요, 여러분. 오늘은 '전기의 발생'이라는 매우 흥미로운 주제를 함께 다뤄볼 건데요, 이해할 주제는 바로 '정전기'와 '전류'입니다."

슬라이드 2: 정전기란?
- "정전기에 대해 알아보기 전에, 먼저 '충전'이라는 개념을 알아야 합니다. 충전체가 움직이면서 정전기가 발생하는데, 일상생활에서도 종잇조각이 풍선에 붙는 것 등을 볼 수 있죠."

슬라이드 3: 벤자민 프랭클린의 실험
- "전기에 대해 처음 이야기할 때 빼놓을 수 없는 사람이 벤자민 프랭클린인데요, 그의 유명한 비둘기 실험을 통해 전기의 발생에 대한 중요한 이론을 제시했습니다."

슬라이드 4: 전기의 이중성
- "전기는 '양성'과 '음성'으로 이루어져 있다는 사실, 알고 계셨나요? 이를 '전기의 이중성'이라고 부르는데, 이에 대해 자세히 알아보도록 하겠습니다."

슬라이드 5: 전자의 이동

- "전자가 움직이면 전기가 생기는데요, 이 움직이는 전자들이 모여 전류를 만드는 거죠. 그럼 이 전자가 어떤 방향으로 움직일까요?"

슬라이드 6: 전지의 작동 원리

- "전지는 화학적 에너지를 전기 에너지로 바꾸는 장치인데요, 이를 통해 전기가 어떻게 발생하는지 알아보도록 하겠습니다."

슬라이드 7: 발전소와 전기 생산

- "우리가 일상생활에서 사용하는 전기는 대부분 발전소에서 만들어져요. 그럼 발전소에서는 어떻게 전기를 만들까요? 또, 다른 발전 방법은 어떤 것들이 있을까요?"

슬라이드 8: 전기의 중요성

- "전기는 우리 일상생활에서 빠질 수 없는 역할을 하죠. 어떤 것들이 전기가 없으면 동작하지 않는지, 함께 생각해봅시다."

슬라이드 9: 전기 안전

- "그럼 이렇게 중요한 전기를 사용할 때는 어떤 점을 주의해야 할까요? 전기와 관련된 위험성과 안전하게 사용하는 방법에 대해 알아봅시다."

슬라이드 10: 요약과 다음 주제 소개

- "오늘 배운 '전기의 발생'에 대한 내용을 다시 한 번 복습해보고, 다음 시간에 다룰 '전류와 전압'에 대해 미리 알아보도록 하겠습니다."

이런 스크립트를 사용하면 각 슬라이드의 내용을 쉽고 명확하게 설명할 수 있을 것입니다.

특정 슬라이드 부분을 지정해서 대사 스크립트를 늘려달라고 요청해보
세요.

슬라이드6 부분의 대사 스크립트를 충분히 늘려서 알려줘.

네, 슬라이드 6에 대한 보다 자세한 설명 스크립트를 아래에 제공드리겠습니다.

슬라이드 6: 전지의 작동 원리
- "지금부터 함께 볼 것은 '전지'에 대한 내용입니다. 여러분, 전지라는 단어를 들으면
  어떤 이미지가 떠오르나요? 맞습니다. 일반적으로 배터리를 생각하실 수도 있죠. 그
  런데 이 전지가 어떻게 전기를 만들어내는 걸까요? 일단, 전지는 기본적으로 화학적
  에너지를 전기 에너지로 바꾸는 장치입니다."
  "이렇게 말하면 조금 복잡하게 들릴 수 있으니, 간단한 예를 들어 설명을 해드리겠습
  니다. 여러분이 휴대폰을 사용할 때 배터리가 없으면 어떻게 될까요? 휴대폰이 켜지
  지 않죠. 여기서 배터리, 즉 전지는 화학적 에너지를 전기 에너지로 바꾸는 역할을
  하게 됩니다. 그리고 이런 과정을 통해 우리의 휴대폰은 전원을 받아 동작하게 되는
  것입니다."
  "이렇게 볼 때, 전지의 역할은 꽤 중요하다는 것을 알 수 있죠. 그렇다면 이 전지가
  어떻게 구성되어 있고, 어떤 원리로 작동하는지 더 자세히 알아보도록 하겠습니다."

이런 식으로 전지에 대한 설명을 더 구체적으로 확장하였습니다. 다른 부분도 수정이
필요하시면 알려주세요.

프롬프트 연습 (9)

- PPT를 활용한 수업을 계획할 때 각 슬라이드 구성에 대한 개요와 내용을 제공받음으로써 효율적으로 수업을 준비할 수 있습니다.
- [학년], [교과목], [단원명], [차시 키워드/차시주제], [전체 수업시간]을 나열하고 수업을 진행할 때 활용할 PPT 슬라이드를 제안받을 수 있습니다. [슬라이드 수]를 지정하고 슬라이드별로 제목과 내용을 개조식으로 작성해 주고, 불릿 포인트로 구분해서 제작해 달라고 요청해 보세요.
- (예시1) 중학교 3학년 '역사2' 과목에서 '고려의 성립과 변천' 단원의 수업을 설계하려고 해. '고려의 대외 관계'에 대한 내용이야. 수업은 45분 동안 진행이 되는데, 수업을 진행할 때 활용할 PPT 슬라이드를 20장 내외로 만들어줘. 슬라이드별로 제목과 내용을 개조식으로 작성해 주고, 불릿 포인트로 구분해서 제작해 줘.
- (예시2) 고등학교 '세계지리' 과목에서 '쾨펜의 기후구분' 단원에 대한 수업을 설계하려고 해. '열대우림, 온대기후, 사막기후, 툰드라 기후, 냉대기후'에 대한 내용이야. 수업은 50분 동안 진행되는데, 수업을 진행할 때 활용할 PPT 슬라이드를 10장 내외로 만들어 줘. 슬라이드별로 제목과 내용을 개조식으로 작성해 주고, 불릿 포인트로 구분해서 제작해 줘.

◆ 스캐폴딩을 위한 우수 예시 제시

예시 제시를 통한 스캐폴딩은 교사의 중요한 역할입니다. 교과서 내 활동의 예시가 필요한가요? 학생들이 참고할 수 있는 우수 사례를 챗GPT에게 만들어달라고 부탁하세요.

중학교 2학년 국어 교과목에서 '상상 일기 쓰기'라는 활동을 하려고 해. 상상 일기란 자신의 주변 사물을 관찰하여 사진으로 기록하고, 자신을 그 속에 등장하는 대상으로 상상하며 쓴 일기를 말해. 교과서에서는 상상 일기를 쓰는 과정을 다음과 같이 설명하고 있어. (1) 자신의 주변에서 상상 일기로 표현하고 싶은 대상을 사진으로 찍는다. (2) 사진 속 대상의 특성, 대상이 겪은 경험을 상상해서 정리해본다. (3) 사진 속 대상의 관점으로 표현하고 싶은 내용을 일기 형식으로 써본다. 학생들을 위해 상상 일기 우수사례를 제시하고 싶어. '지우개의 일기'라는 주제로 상상 일기 예시작품을 써줘.

제목: "지우개의 일기"

2023년 6월 5일 월요일

나는 그림판 위에 놓여있는 희미한 파란색 지우개다. 오늘도 저 멀리 교실 문 밖으로 비치는 햇살이 희뿌연 창문을 통해 내게 닿는다.

아침에 먼저 내게 닿은 것은 따뜻한 어린 손길이었다. 소년의 꼭 쥐어진 손에 안기면서, 그의 작품을 완성하는 도우미가 되는 것은 나에게 주어진 명예다. 그는 무언가를 잘못 그려서 실망할 때, 나는 그의 실수를 부드럽게 지워준다.

오후가 되면 나는 조금 쉬곤 한다. 어린 소년이 외부 활동에 나간 동안, 나는 그림판 위에서 조용히 쉬며 주변을 바라본다. 그림판에는 내가 지워낸 흔적들이 남아있다. 어떤 사람들은 이것을 쓸모없는 부스러기라고 할지 모르지만, 나에게는 이것이 나의 가치다. 나는 이러한 자그마한 노력을 통해 어린 소년이 자신의 상상을 그림판 위에 그릴 수 있게 돕고 있다.

저녁이 되어서도 나는 쉬지 않는다. 어린 소년이 잠에 들었을 때, 나는 그의 도화지에 남아 있는 작은 실수들을 천천히 지워나간다. 아무도 나를 주목하지 않지만, 나는 그림판 위에서 조용히 자신의 역할을 수행한다.

오늘도 나는 희미한 파란색 지우개로서, 눈에 띄지 않지만 그의 아름다운 그림을 완성하는 데 조금씩 도움을 준다. 내일도 나는 그림판 위에서 소년이 그림을 그리는 것을 기다릴 것이다. 그리고 어느새 그림판 위에서 나는 다시 조용히 자신의 역할을 수행하며 그의 작품을 완성시킬 것이다.

프롬프트 연습 (10)

- 챗GPT를 활용하여 과정 평가에 적합한 다양한 활동과 학업 성취도를 점검할 수 있는 추가 자료를 풍부하게 구상할 수 있습니다. 평가 문제가 지도서에 제공되어 있지 않다면 챗GPT에 부탁하여 생성할 수 있습니다. 또한 교과서 활동의 예시를 제안 받을 수 있습니다.
- '해당 단원의 사례를 제시해 줘'라는 프롬프트 대신 [교육과정 및 단원명], [해당 사례의 필요조건1], [해당 사례의 필요조건2], [사례의 환경조건]을 반영하여 사례를 만들어 달라고 요청하세요.
- (예시1) 중학교 1학년 과학 과목의 힘의 작용 단원을 가르치고 있어. 중력, 탄성력, 마찰력, 부력의 특징이 일상생활 속에서 잘 드러날 수 있는 통합적인 예시를 만들어 줘. 제목은 '일상생활 속의 힘'이야.
- (예시2) 중학교 2학년 사회 과목의 일상생활과 법 단원을 가르치고 있어. 법의 의미, 법의 특징, 법의 필요성이 통합적으로 나타날 수 있는 일상생활 속에서 접하는 법의 사례 1개를 만들어 줘. 제목은 '철수와 법'이야.

◆ 사고력 증진을 위한 토론 주제 제시

토론 수업을 위한 적절한 토론 주제를 제안해 달라고 하세요.

___

중학교 1학년 사회교과목에서 '인구 문제' 단원에서 '대한민국 인구 문제, 저출산 고령화 현상의 원인'이라는 주제로 토론 수업을 하려고 해. 중학교 1학년 학생들의 사고력을 높일 수 있는 토론 주제 3개를 만들어주고, 왜 그 토론 주제가 중요한지 이유를 설명해 줘.

___

1. 토론 주제: "저출산 고령화 현상이 대한민국 경제에 미치는 영향은 어떤 것인가?"

이 주제는 대한민국의 인구문제인 저출산과 고령화가 경제 전반에 어떻게 영향을 미치는지에 대해 학생들이 생각해보게 만드는 주제입니다. 인구 감소는 노동력 부족, 소비 감소 등 다양한 문제를 초래할 수 있으며, 이에 따라 국가 경제에 부정적인 영향을 미칠 수 있습니다. 이 토론을 통해 학생들은 사회 문제가 개인의 삶뿐 아니라 국가 경제에까지 영향을 미칠 수 있다는 것을 이해하게 될 것입니다.

2. 토론 주제: "저출산 문제를 해결하기 위한 정부의 역할과 대책은 무엇이어야 하는가?"

이 주제는 저출산 문제의 원인과 그 해결 방안에 대해 학생들이 생각해보게 만드는 주제입니다. 학생들은 이 문제의 원인이 무엇인지, 그리고 정부가 어떤 역할을 해야 하는지에 대해 논의하게 됩니다. 이를 통해 학생들은 사회 문제 해결에 있어서 정부의 역할과 정책의 중요성을 이해하게 될 것입니다.

3. 토론 주제: "대한민국의 고령화 현상이 사회 구조와 문화에 미치는 영향은 무엇인가?"

이 주제는 고령화 현상이 사회와 문화에 어떤 변화를 가져올 수 있는지에 대해 학생들이 생각해보게 만드는 주제입니다. 고령화 현상은 의료, 복지, 산업 구조 등 다양한 분야에서 변화를 가져올 수 있습니다. 이를 통해 학생들은 인구 구조 변화가 사회 전반에 미치는 영향을 이해하게 될 것입니다. 이는 학생들에게 사회는 다양한 요소들이 상호작용하는 복잡한 시스템이라는 점을 깨닫게 해줍니다.

프롬프트 연습 (11)

• 여러분들이 가르치는 단원과 관련하여 중요성이 높은 토론 주제를 추천받아보세요.

• '해당 단원명에 필요한 토론을 추천해 줘'라고 하기보다는 구체적으로 [학교급], [교과목]을 포함하여 [단원명]과 [주제 또는 핵심어1], [주제 또는 핵심어2]와 [발달시키고자 하는 역량] 및 [토론 주제 선정 사유]를 설명해달라고 요청하세요.

• (예시1) 중학교 2학년 사회 교과목을 가르치고 있어. '다양한 세계, 다양한 문화' 단원에서 '문화적 차이의 발생 이유', '다른 문화 간의 갈등'이라는 주제를 가지고 토론 수업을 하려고 해. 이 주제와 관련하여 학생들의 사고력을 높일 수 있는 토론 주제를 3개 만들어주고, 그 토론 주제가 중요한 이유를 설명해 줘.

• (예시2) 중학교 2학년 도덕 교과목을 가르치고 있어. '사회·공동체와의 관계' 단원에서 '정의로운 국가의 조건', '정의로운 사회'라는 주제를 가지고 토론 수업을 하려고 해. 이 주제와 관련하여 학생들의 '윤리의식'과 '공동체의식'을 높일 수 있는 토론 주제를 3개 만들어주고, 그 토론 주제가 선정된 이유를 설명해 줘.

◆ 수행 촉진을 위한 피드백과 가이드

학생이 어떤 문제를 못 풀고 있나요? 그 문제를 풀기 위한 지식의 위계는 어떠한가요? 챗GPT에게 분석을 요청하고, 각 단계에서 제공할 수 있는 피드백을 제안받아보세요.

중학교 3학년 수학교과목 수업을 하는데, 어느 학생이 다음 문제를 못 풀고 있어.

Q. 근의 공식을 이용하여 $x^2+5x+3=0$을 푸시오.

이 문제를 풀기 위해 필요한 지식을 위계적으로 분석해 줘. 그리고 각 단계에 도달하지 못하는 학생들에게 제공할 수 있는 피드백 방안을 제시해 줘.

이 문제를 해결하기 위한 지식의 계층 구조는 다음과 같습니다.

1. **기본 수학 지식:** 덧셈, 뺄셈, 곱셈, 나눗셈, 제곱 등의 기본 연산을 이해하고 있어야 합니다. 또한 기본적인 대수학의 개념, 예를 들어 변수, 방정식, 계수도 이해해야 합니다.
   - 피드백: 학생들이 기본 연산에 어려움이 있다면, 연산 연습을 통해 기본 기술을 더욱 강화해야 합니다. 변수, 방정식, 계수 등의 개념에 문제가 있다면, 이러한 개념을 복습하고, 추가 연습 문제를 제공하십시오.

2. **이차 방정식의 이해:** 학생들은 이차 방정식이 무엇인지 알아야 하며, 그 형태와 계수를 이해해야 합니다. 이 경우에는 일반적인 이차 방정식의 형태는 $ax^2+bx+c=0$ 이며, 여기서 a, b, c는 계수입니다.

- 피드백: 이차 방정식의 개념에 대한 이해가 부족한 학생들에게는 이차 방정식의 복습 자료를 제공하고, 이차 방정식을 만들고 해결하는 연습을 권장해야 합니다.

3. 근의 공식 이해: 근의 공식은 일반적인 이차 방정식의 해를 찾는 방법입니다. 공식은 $x = [-b \pm sqrt(b^2-4ac)] / (2a)$입니다. 여기서 sqrt는 제곱근을 나타냅니다.
   - 피드백: 근의 공식에 익숙하지 않은 학생들에게는 이 공식을 복습하고 이해하는 데 도움이 되는 자료를 제공해야 합니다. 또한 여러 예제를 통해 공식의 적용을 연습하는 것이 좋습니다.

4. 근의 공식 적용: 마지막으로, 학생들은 문제에서 제시된 방정식에 근의 공식을 적용하고, 계산을 완료하여 해를 찾아야 합니다.
   - 피드백: 근의 공식을 적용하는 데 어려움이 있는 학생들에게는, 각 단계별로 공식을 적용하는 방법을 천천히 가르치는 것이 중요합니다. 또한, 비슷한 유형의 문제를 통해 공식 적용 및 계산 연습을 권장하십시오.

그러므로, 학생이 문제를 풀지 못한다면 어느 부분에서 어려움을 겪고 있는지 확인하고, 적절한 피드백 및 추가 학습 자료를 제공하는 것이 중요합니다.

프롬프트 연습 (12)

- 학생이 풀지 못하는 문제가 있다면 교과목 학습 주제를 분석해보세요. 수학과 같이 지식의 위계가 중요하다면 챗GPT에게 분석을 요청하여 학생에게 줄 수 있는 피드백과 가이드 방안을 생성하세요.
- '해당 단원의 위계를 분석해 줘'라고 하기보다는 [교육과정 및 단원명], [문제 예시], [분석 조건] 등을 포함하여 피드백 방안을 제시해달라고 요청하세요.
- (예시1) 중학교 1학년 '문자와 식' 단원을 가르치고 있어. 문제는 $(x+y)*(xy)+(x^2y)=?$ 이야. 이 문제를 풀기 위해 필요한 지식을

위계적으로 분석해 줘. 그리고 그 단계에 도달하지 못하는 학생들에게 제공할 수 있는 피드백 방안을 알려줘.

- (예시2) 중학교 2학년 수학 과목의 '함수' 단원을 가르치고 있어. $y=x$라는 1차 함수와 $x-y=0$ 이라는 일차방정식의 관계를 이해하기 위한 교수학습 계열 지식을 위계적으로 분석해 줘. 그리고 1차함수와 일차방정식의 관계를 이해하지 못하는 학생들에게 제공할 수 있는 피드백 방안을 알려 줘.

◆ 학생 수준을 고려한 맞춤형 문제 생성

학생 수준 맞춤형 문제 제작이 필요한가요? 우수한 학생을 위한 문제, 혹은 스캐폴딩이 필요한 학생을 위한 문제가 각각 필요하다면 챗GPT에게 부탁하세요.

중학교 1학년 수학교과목에서 '정수와 유리수의 뺄셈'에 관한 평가문제를 지식 수준이 우수한 학생용과 스캐폴딩이 매우 필요한 학생용으로 나누어서 3문제씩 작성해 줘. 그리고 각 문제별로 예상답안을 제시해주고, 각 답안별로 해설도 제시해 줘.

확인했습니다. 우수한 학생용과 스캐폴딩이 많이 필요한 학생용을 대상으로 하는 [정수와 유리수의 뺄셈]에 관한 문제를 아래에 제공하겠습니다.

우수한 학생용

1. 정수 및 유리수를 사용하여 다음 문제를 풀어보세요: $1/3 - (-2) = ?$
   - 예상 답안: $7/3$ 또는 $2\ 1/3$
   - 해설: 음수를 빼는 것은 같은 양의 수를 더하는 것과 같습니다. 따라서 이 문제는 $1/3 + 2$ 또는 $1/3 + 6/3$로 바꿀 수 있습니다. 이를 합치면 $7/3$ 또는 혼합수로 $2\ 1/3$가 됩니다.

2. $-2\ 2/5 + 1\ 1/5 = ?$
   - 예상 답안: $-1\ 1/5$
   - 해설: 처음에는 정수부분을 더하고, 그 다음으로는 분수 부분을 더합니다. $-2 +$

1 = −1, 2/5 + 1/5 = 3/5. 따라서 이는 −1 3/5이 됩니다. 하지만 뺄셈을 적용해야 하므로, −1 − 3/5 = −1 1/5가 됩니다.

3. 유리수 3/5와 정수 −2 사이의 차이를 구하세요.
   - 예상 답안: 13/5 또는 2 3/5
   - 해설: 차이를 구하는 것은 뺄셈과 같습니다. 3/5 − (−2)는 3/5 + 2, 즉 3/5 + 10/5와 같으므로, 이는 13/5 또는 혼합수로 2 3/5가 됩니다.

<u>스캐폴딩이 많이 필요한 학생용</u>

1. 다음을 계산하세요: 3 − 1 = ?
   - 예상 답안: 2
   - 해설: 뺄셈은 첫 번째 수에서 두 번째 수를 빼는 것을 의미합니다. 따라서 3에서 1을 빼면 2가 됩니다.

2. 이 문제를 풀어보세요: 4 − 2 = ?
   - 예상 답안: 2
   - 해설: 이 뺄셈 문제에서는 첫 번째 수 4에서 두 번째 수 2를 빼는 것을 의미합니다. 따라서 4에서 2를 빼면 2가 됩니다.

3. 다음을 계산하세요: 5 − 3 = ?
   - 예상 답안: 2
   - 해설: 뺄셈은 첫 번째 수에서 두 번째 수를 빼는 것을 의미합니다. 따라서 5에서 3을 빼면 2가 남습니다.

프롬프트 연습 (13)

- 학생의 수준에 적합한 문제 제공은 성공 경험을 주어 학습 동기를 높이기도 합니다. 수준별 문제를 제안 받고, 예상 답안과 해설도 부탁해보세요.
- '해당 단원명에 알맞은 난이도별로 문제를 생성해 줘'라고 하기보다는 구체적으로 [학교급], [교과목]을 포함하여 [단원 및 주제]와 [학생 수준]을 고려하여 답안과 해설을 요청하세요.
- (예시1) 중학교 3학년 과학 교과목을 가르치고 있어. '운동과 에너지-에너지 전환과 보존' 단원에서 '자석의 운동과 전류의 발생', '위치 에너지와 운동 에너지의 전환'과 관련하여 어려운 문제와 쉬운 문제를 3개씩 만들어주고 답안과 해설도 생성해 줘.
- (예시2) 중학교 1학년 도덕 교과목을 가르치고 있어. '타인과의 관계' 단원에서 '정보화 시대의 도덕적 자세와 책임'과 관련하여 고난이도 문제와 기본 문제를 3개씩 만들어주고 답안과 해설도 생성해 줘.

◆ 자기주도학습을 위한 체크리스트 생성

학생 스스로 학습 목표 달성 여부를 진단할 수 있는 체크리스트를 만드세요.

중학교 2학년 과학교과목 2단원은 '전기와 자기'에 대한 내용이야. (1) 전기의 발생, (2) 전류와 전압, (3) 전압, 전류, 저항 사이의 관계, (4) 전류의 자기 작용에 대한 내용이 있어. 이 단원을 학생들이 스스로 공부하기 위해 반드시 점검해야 할 체크리스트 문항들을 만들어줘.

중학교 2학년 과학교과목 2단원인 '전기와 자기'에 대한 학습 체크리스트를 아래에 제시합니다.

전기의 발생

1. 전기는 어떻게 발생하는가? (예: 마찰, 압력, 열, 화학적 반응, 자기 유도 등)
2. 정전기와 전류의 차이점은 무엇인가?
3. 전자의 이동이 전기를 발생시키는 원리를 설명할 수 있는가?

전류와 전압

1. 전류의 정의와 발생 원리를 이해하고 있는가?
2. 전류의 단위는 무엇인가?
3. 전압의 정의와 발생 원리를 이해하고 있는가?
4. 전압의 단위는 무엇인가?

5. 전류와 전압 사이의 관계를 설명할 수 있는가?

전압, 전류, 저항 사이의 관계

1. 저항의 정의와 발생 원리를 이해하고 있는가?
2. 저항의 단위는 무엇인가?
3. 옴의 법칙 ($V = IR$)을 이해하고 있으며, 이를 사용하여 문제를 풀 수 있는가?
4. 저항이 전류와 전압에 어떤 영향을 미치는지 설명할 수 있는가?
5. 병렬 회로와 직렬 회로에서의 저항과 전압, 전류의 관계를 설명할 수 있는가?

전류의 자기 작용

1. 전류가 자기장을 생성한다는 것을 이해하고 있는가?
2. 오른손의 법칙을 이해하고 있는가?
3. 전류를 통한 자기장의 방향을 예측할 수 있는가?
4. 전류의 강도와 자기장의 강도 사이의 관계를 설명할 수 있는가?
5. 전자기 유도와 플레밍의 오른손 법칙을 이해하고 있는가?

이러한 체크리스트를 통해 학생들은 각 학습 내용에 대한 이해도를 확인하고, 약한 부분에 대한 추가 학습이 필요한지 판단할 수 있습니다.

프롬프트 연습 (14)

- 학생의 학습 목표 달성 여부를 자기주도적으로 진단할 수 있는 체크리스트를 생성하도록 해보세요.
- '해당 단원명에 학습목표 체크리스트를 만들어 줘'라고 하기보다는 구체적으로 [학교급], [교과목], [단원명]과 [주제1], [주제2]를 제시하고 학생들의 자기주도학습을 위한 체크리스트를 생성해달라고 요청하세요.
- (예시1) 중학교 역사 교과목을 배우고 있어. '고려의 성립과 변천' 단원에서 '고려의 후삼국 통일과 체제 정비 과정', '고려와 송, 거란, 여진과의

관계'의 학습목표를 달성하기 위한 체크리스트를 생성해 줘.
- (예시2) 고등학교 통합과학 교과목을 배우고 있어. '화학변화' 단원에서 '산과 염기의 중화 반응', '생활 주변의 산과 염기 물질'의 학습목표를 달성하기 위한 체크리스트를 생성해 줘.

Chapter 03

과제평가 및 자료분석

과제물을 평가하는 것은 교사의 중요한 업무 중 하나입니다. 서술형 자료에 대한 평가는 인간 교사가 객관적일까요, AI가 객관적일까요? 평가의 주체에 대한 논쟁은 잠시 미뤄두고, 평가영역에서의 챗GPT 활용방안을 알아봅시다.

루브릭(rubric)을 설정해주고, 서술형 텍스트 자료에 대한 평가와 피드백을 부탁해보세요. 여러분이 실제로 한 평가와 비슷한 결과가 나오는지 반드시 점검해보세요. 또한, 학생들의 성취 수준 점수를 엑셀 데이터로 갖고 있나요? 이 데이터를 챗GPT에게 알려주고 기본적인 진단을 부탁해보세요. 교사가 통계기법에 대한 지식이 있다면, 더욱 유용하게 챗GPT를 활용할 수 있을 것입니다.

◆ 글쓰기 과제를 위한 피드백

학생이 제출한 글쓰기 과제가 있나요? 글쓰기 향상을 위한 피드백을 부탁해보세요.

다음은 고등학교 3학년이 제출한 영화 감상문이다. 대상 영화는 2001년에 발표한 스티븐 스필버그의 〈A.I.〉이다. 평가를 위해서는 학생의 주관적 감상이 중요하다. 다음의 감상문을 평가해보고, 이를 향상할 수 있는 방안을 제시해 줘. 그리고 각 개선방안마다 해당하는 정확한 부분을 지적해주고, 그 부분이 어떻게 향상될 수 있는지 방안도 알려줘.

[감상문 내용 삽입]

학생의 영화 감상문은 전반적으로 내용이 풍부하고 다양한 요소를 언급하고 있습니다. 그러나 몇 가지 개선할 수 있는 부분이 있습니다.

1. **중복 표현 제거**: 감상문에서 동일한 내용이 반복되는 부분이 있습니다. 예를 들어, 영화에서 인공지능 로봇 '에이 아이'와 인간들의 이야기와 감정 변화에 대한 내용은 여러 번 언급되었습니다. 이러한 반복은 글의 흐름을 느리게 만들 수 있습니다. 중복된 내용을 제거하고 대신 해당 내용을 보완하는 세부 정보나 새로운 관점을 추가하는 것이 좋습니다.

2. **정확한 영화 정보 제공**: 감상문에서는 영화의 제목을 '에이 아이'로 언급하고 있지만, 영화의 정확한 제목은 'A.I. Artificial Intelligence'입니다. 영화의 제목을 정확히 제공하는 것이 중요합니다.

3. **논리적 구성 강화**: 감상문의 구성은 일부 부분에서 논리적인 흐름이 미흡할 수 있습

니다. 예를 들어, 감상문의 첫 부분에서는 영화의 내용과 감동적인 이야기에 대해 언급하고 있습니다. 그러나 감상문의 마지막 부분에서는 인공지능의 윤리적 가치와 로봇의 역할에 대한 고민을 언급하고 있습니다. 이러한 주제 간의 연결을 더 명확하게 만들어서 논리적인 흐름을 강화할 수 있습니다.

4. **비판적인 시각 도입**: 학생의 감상문은 대부분 영화의 긍정적인 면에 초점을 맞추고 있습니다. 감상문을 향상시키기 위해서는 비판적인 시각을 도입하여 영화의 한계나 단점에 대해서도 다루는 것이 좋습니다. 이를 통해 학생은 더 균형있는 평가를 제공할 수 있을 것입니다.

5. **문체와 문법 개선**: 감상문의 문체와 문법을 개선하여 글을 더 자연스럽고 읽기 쉽게 만들 수 있습니다. 특히, 긴 문장이나 불필요한 반복을 줄이고, 문장 구조와 표현을 다양하게 사용하는 것이 좋습니다.

6. **윤리적 고민과 관련된 구체적인 사례 및 이론적인 논의 추가**: 감상문에서는 인공지능의 윤리적 고민에 대해 언급하고 있지만, 더 구체적인 사례나 이론적인 논의를 추가하여 내용을 보강할 수 있습니다. 예를 들어, 인공지능의 도덕적 선택에 대한 트롤리 딜레마와 관련된 사례를 제시하고, 이에 대한 윤리적 이론을 소개하는 것이 좋습니다.

7. **개인적인 감상과 주관성 강화**: 학생의 개인적인 감상과 주관성을 강화하기 위해, 더 많은 구체적인 영화 장면, 대사 또는 감정적인 경험에 대해 언급하는 것이 좋습니다. 이를 통해 학생의 개인적인 경험과 감정이 감상문에 더욱 잘 전달될 수 있습니다.

이러한 개선 방안을 통해 감상문은 더욱 강력하고 의미 있는 평가로 발전할 수 있을 것입니다.

프롬프트 연습 (15)

- 학생이 제출한 글쓰기 과제를 채점하기 위해 글의 유형별로 적절한 평가 관점을 수립하고, 평가관점에 따른 피드백을 제공할 수 있습니다.
- [글의 유형], [글의 주제], [평가관점], [평가], [개선방안], [피드백] 등을 포함하여 글쓰기 과제에 피드백을 요청하세요.
- (예시1) 다음은 초등학교 6학년 학생이 국어 수업시간에 '독서의 필요성'을 주제로 작성한 논설문이야. 이 글을 평가하기 위해 주장의 타당성, 근거의 적절성, 논설문의 짜임새, 예상 독자 고려, 단어와 문장의 적절성 및 정확성에 따라 평가하고, 피드백을 제공해 줘.
- (예시2) 다음은 고등학생이 '생명이 있는 것은 다 아름답다'라는 책을 읽고, '동물과 인간의 삶은 어떻게 보아야 하는지 현상과 본질의 측면에서 자신의 견해를 제시하시오'라는 논제에 대해 작성한 독서논설문이야. 평가 기준은 '창의적 사고력', '문제해결력', '문장력 및 표현력'이야. 평가 기준에 따라 학생의 글을 평가하고, 각 평가 기준에 따른 개선방안을 알려 줘. 그리고 전체적인 피드백과 총평을 제시해 줘.

◆ 루브릭(평가기준표) 설정과 피드백 생성

서술형 채점 시 루브릭을 정확하게 알려주세요. 그리고 피드백도 요청해보세요.

다음은 고등학교 3학년이 제출한 영화 감상문이다. 대상 영화는 2001년에 발표한 스티븐 스필버그의 〈A.I.〉이다. 이 과제의 총점은 30점이며, 루브릭은 다음과 같다.
   (1) 주관적 감상의 충실성 : 1~10점
   (2) 영화 내용 요약의 정확성 : 1~10점
   (3) 감상글의 논리성과 완결성 : 1~10점

다음의 과제를 루브릭에 따라 평가해 줘. 그리고 각 평가요소마다 한 줄씩 간단한 피드백을 만들어줘.

[감상문 내용 붙여넣기]

주관적 감상의 충실성 : 9/10
- 이 과제는 학생의 주관적 감상이 잘 드러나 있습니다. 영화에서 가장 인상 깊었던 장면들, 개인적인 생각과 느낌들이 잘 표현되어 있습니다.
- 피드백: 자신의 감정을 표현하는 능력은 훌륭합니다. 그러나 영화의 더 많은 측면을 취합하면 더 풍부한 감상이 될 수 있을 것입니다.

영화 내용 요약의 정확성 : 8/10
- 과제는 영화의 주요 내용과 테마를 잘 요약하고 있습니다. 주요 인물들의 역할과 이

야기가 잘 정리되어 있습니다.

– 피드백: 영화의 일부 중요한 플롯을 누락했을 수 있습니다. 데이빗이 군 병역을 대신하는 부분은 영화의 실제 내용과 다르므로, 다음부터는 작품의 내용을 좀 더 정확히 요약하려는 노력이 필요합니다.

감상글의 논리성과 완결성 : 8/10

– 과제는 로봇과 인간, 그리고 인공지능의 윤리에 대한 논리적인 주제를 잘 다루고 있습니다. 특히 인공지능의 권리와 도덕성에 대한 생각은 논리적인 근거에 바탕을 두고 있습니다.

– 피드백: 전반적으로 논리적인 흐름이 있지만, 일부 부분에서 주제가 조금씩 떨어지는 부분이 있습니다. 항상 글의 흐름과 주제를 유지하려는 노력이 필요합니다.

프롬프트 연습 (16)

- 글쓰기 과제 채점 시 챗GPT에게 평가 루브릭을 알려준다면, 챗GPT는 글쓰기 과제에 대해 루브릭에 따른 평가결과를 보여줍니다. 필요하다면 챗GPT에게 평가 루브릭을 만들어달라고 부탁할 수도 있습니다.
- [평가대상], [평가영역], [총점], [영역별 배점], [평가] 등을 포함하여 루브릭에 따른 과제 평가를 요청하세요.
- (예시1) 고등학생이 작성한 독서논술문을 평가하기 위한 평가 루브릭을 만들어 줘. 평가 기준은 세 가지로 구성해주고, 평가 기준별 배점은 10점, 총점은 30점으로 구성해 줘.
- (예시2) (이어서) 위에서 작성한 루브릭에 따라 이 글을 평가해주길 바라. 이 글은 고등학생이 '생명이 있는 것은 아름답다'라는 책을 읽고, '동물과 인간의 삶은 어떻게 보아야 하는지를 현상과 본질의 측면에서 자신의 견해를 제시하시오'라는 논제에 대해 작성한 독서논설문이야.

◆ 여러 학생의 글쓰기 과제 비교 평가

챗GPT에게 한 번에 입력 가능한 텍스트 분량엔 제한이 있습니다. 학생 A의 과제를 먼저 기억시켜 둡시다.

다음은 고등학교 3학년 A학생이 제출한 영화 감상문이야. 대상 영화는 2001년에 발표한 스티븐 스필버그의 〈A.I.〉이다. 일단 잘 기억해 줘.

[학생A의 영화 감상문 텍스트 입력]

저는 이제 당신이 제출한 영화 감상문을 기억합니다. "에이 아이"에 대한 당신의 독창적인 견해를 분석하면서, 당신이 영화에서 중점적으로 봤던 요소들을 잘 이해했습니다. 그러한 요소들로는 인공지능의 감정, 인간과 인공지능의 관계와 윤리적 문제, 그리고 인공지능의 인간화 및 이에 따른 법적/도덕적 책임이 포함됩니다. 이 감상문은 매우 통찰력 있고 자세한 분석을 제공하므로, 이를 바탕으로 질문을 제기하거나 추가적인 주제에 대해 논의하는 데 도움이 될 것입니다.

학생B의 데이터를 입력해주고, 루브릭을 제시해서 학생A와 B의 과제를
서로 비교해달라고 요청해봅시다.

다음은 같은 영화에 대한 학생 B의 감상문이야. 학생 A와 학생 B의 과제를 루브릭을
기준으로 평가해서 비교해주고, 각 학생에게 제공할 한줄 피드백을 작성해 줘. 과제의
총점은 30점이고, 루브릭은 다음과 같아.
  (1) 주관적 감상의 충실성 : 1~10점
  (2) 영화 내용 요약의 정확성 : 1~10점
  (3) 감상글의 논리성과 완결성 : 1~10점

[학생B의 영화 감상문 텍스트 입력]

학생 A:
(1) 주관적 감상의 충실성 : 8/10
(2) 영화 내용 요약의 정확성 : 7/10
(3) 감상글의 논리성과 완결성 : 7/10
총점 : 22/30

피드백: 학생 A는 영화에 대한 개인적인 견해를 상세하게 기술하였으며, 영화의 전반
적인 플롯을 잘 요약하였습니다. 그러나, 일부 부분에서 영화의 내용이 제대로 이해되
지 않은 것처럼 보입니다. 더 정확한 내용 요약과 논리적인 분석을 위해 영화를 다시
한 번 볼 것을 권장드립니다.

학생 B:

(1) 주관적 감상의 충실성 : 9/10

(2) 영화 내용 요약의 정확성 : 9/10

(3) 감상글의 논리성과 완결성 : 9/10

총점 : 27/30

피드백: 학생 B는 영화에 대한 개인적인 인상을 잘 표현하였으며, 영화의 내용도 정확하게 요약하였습니다. 또한, 그는 영화를 통해 얻은 교훈을 자신의 삶에 어떻게 적용할지에 대해 고민하였고, 이를 논리적으로 잘 전달하였습니다. 향후 더 복잡한 주제에 대해서도 이렇게 깊이 이해하고 분석하는 능력을 계속 발전시켜보세요.

두 학생 모두 영화에 대한 자신만의 독특한 시각을 잘 표현하였으며, 전반적으로 잘 작성된 감상문입니다. 앞으로도 영화나 다른 작품에 대한 깊은 이해와 그에 따른 독창적인 시각을 계속 키워 나가면 좋겠습니다.

프롬프트 연습 (17)

- 챗GPT는 분량제한이 있으므로 분량을 고려해서 학생별 글쓰기 작품을 먼저 학습시킨 후, 평가 루브릭에 따라 학생들의 과제평가 결과를 비교할 수 있습니다.
- [과제평가], [평가기준], [결과 비교], [순위] 등을 사용해서 여러 학생의 과제결과를 비교해보세요.
- (예시1) 다음은 "함께 만들어가는 기록이야기"를 주제로 초등학생이 작성한 산문이야. 백일장 평가 기준에 따라 세 명의 학생의 글을 평가하고 순위를 매겨서 결과를 비교해 줘. 먼저 A 학생의 글을 기억해 줘. // 이제 B학생의 글을 기억해 줘. // 이제 C 학생의 글이야. 기준에 따라 A, B, C 학생의 글에 대해 평가 점수를 매기고, 세 학생 글의 순위를 매겨 줘.

- (예시2) 다음은 고등학생이 작성한 시 작품이야. 세 학생의 작품을 평가하고, 등위를 매기려고 해. 등위는 금상, 은상, 동상이야. 청소년 백일장 운문 평가 기준을 고려해서 학생들 작품을 평가하고, 점수를 매겨 줘. 먼저 A 학생의 작품을 기억해 줘.// 다음은 B 학생의 작품을 기억해 줘. // 마지막으로 C 학생의 작품을 기억해 줘. // 이제 A, B, C 학생의 작품을 비교하여 등위를 매겨 줘.

Chapter 04

학급 및 학교관리

학급 및 학교 관리 분야에도 챗GPT 활용 방법을 생각해보세요. 수많은 행정업무를 처리하는 데 챗GPT의 활용방안을 고려해보세요.

행정업무를 누가 대신해줄 수 있다면 얼마나 좋을까 라는 질문에 대한 답을 챗GPT가 제공해 줄 것입니다.

◆ 우리 반 학급 규칙 작성

우리 반 학생들이 지켜야 할 간단한 학급 규칙을 제안받아보세요.

난 중학교 1학년 남학생 반의 담임선생님을 맡게 되었어. 우리 반의 학급규칙을 만들려고 해. '학급규칙 7원칙'이라고 만들고 싶어. 중학교 1학년 남학생반에 어울릴 만한 7개의 규칙 리스트를 만들어주고, 각 규칙을 어겼을 시에 어떤 결과를 초래하는지도 설명해 줘. 개조식(나열식)으로 만들어줘.

학급규칙 7원칙

1. **존중과 예의 원칙**: 모든 사람은 자신과 다른 사람들을 존중해야 합니다. 이는 선생님, 친구, 그리고 스스로를 포함합니다. 욕설, 폭력, 부적절한 언행은 금지됩니다.
   - 결과: 위반 시, 해당 사건에 관한 구술적 경고가 처음에 이루어지며, 반복되는 경우 학부모와의 면담으로 이어집니다.

2. **시간 준수 원칙**: 학교생활에서는 시간을 준수하는 것이 중요합니다. 수업 시작 시간, 종료 시간, 그리고 모든 학교 일정을 준수해야 합니다.
   - 결과: 무단 지각이나 결석을 한 경우, 먼저 경고를 받고, 반복적으로 벌어지면 학부모와의 면담을 통해 문제를 해결합니다.

3. **공동체 원칙**: 모든 학생은 학급 활동에 참여하고, 서로 협력해야 합니다. 개인의 행동이 다른 사람들에게 영향을 미치는 것을 인지해야 합니다.
   - 결과: 이 원칙을 지키지 않을 경우, 해당 학생은 공동체 서비스 활동을 통해 자

신의 행동이 타인에게 미치는 영향을 이해하게 됩니다.

4. **공부의 원칙**: 모든 학생은 성실히 공부에 참여하고, 최선을 다해야 합니다. 학교생활에서 학습은 중심적인 활동입니다.
   - 결과: 학습에 무관심한 경우, 추가적인 학습 지도나 학습 계획을 함께 작성하게 됩니다.

5. **청결 원칙**: 학생 개개인과 학급 전체로서 청결을 유지해야 합니다. 개인의 물건과 교실 환경을 깨끗하게 유지하는 것은 모두의 책임입니다.
   - 결과: 청결 원칙을 위반하면, 해당 학생은 청소나 정돈과 같은 교실 청결 관리 활동에 참여하게 됩니다.

6. **정직 원칙**: 모든 학생은 정직해야 합니다. 거짓말, 표절, 부정 행위는 절대로 허용되지 않습니다.
   - 결과: 정직성을 위반하면, 그 행위에 대한 자세한 설명을 하는 에세이를 작성하게 됩니다. 반복적인 위반은 학부모와의 면담으로 이어질 수 있습니다.

7. **안전 원칙**: 모든 학생은 학교 안팎에서 안전을 최우선으로 생각해야 합니다. 위험한 행동이나 자신이나 다른 사람의 안전을 위협하는 행동은 금지됩니다.
   - 결과: 안전 규칙을 위반하면, 해당 학생은 안전에 관한 교육 프로그램에 참여하게 됩니다. 또한, 학부모와의 면담이 이루어질 수 있습니다.

이런 규칙들은 학생들이 안전하고 존중받는 환경에서 학습할 수 있게 돕고, 서로를 이해하고 존중하는 능력을 키워줍니다. 이 규칙들이 학생들의 학교 생활을 더욱 생산적이고 긍정적인 경험으로 만들어주길 바랍니다.

프롬프트 연습 (18)

- 학생들이 지켜야 할 학급 규칙 리스트와 규칙을 어겼을 때 추후 생활지도 방법을 제안받을 수 있습니다.
- [규칙의 제목], [규칙을 적용할 대상], [학급의 특성], [규칙의 개수], [규칙을 어겼을 때 결과] 등을 포함한 규칙 생성을 요청하세요. 글의 양식 [개조식(서술식)]도 지정해 보세요.
- (예시1) 난 초등학교 4학년 반의 담임선생님을 맡게 되었어. 우리 반의 학급규칙을 만들려고 해. 우리 반은 학교폭력이 많아서 학교폭력과 관련된 규칙 리스트를 5개 만들어주면 좋겠어. 각 규칙을 어겼을 때 어떤 결과를 초래하는지도 개조식으로 만들어서 설명해 줘.
- (예시2) 난 고등학교 2학년 영어교사야. 영어시간에 학생들이 지켜야 할 수업규칙을 만들려고 해. 간단한 규칙 리스트를 10개 만들어주면 좋겠어. 학생들이 알기 쉽게 만들어 줘.

◆ 교사들 시간표 배정

동일 교과 교사 A, B, C의 시간표를 어떻게 배치할 수 있을까요? 아래는 하나의 예시입니다. 예시를 응용하여 챗GPT에게 시간표 배정 업무를 의뢰해보세요.

우리학교 국어교사 A, B, C의 수업시간을 배당하려고 해. 3명 각각 8시간씩 담당해야 해. 하루는 1교시부터 9교시까지 구성되어있어.
A교사 희망 요일 : 월, 화, 수, 금
B교사 희망 요일 : 화, 목, 금
C교사 희망 요일 : 월, 수, 목, 금

위의 요청을 고려했을 때, 네가 시간표를 배정해야 하는 담당자라면, 월 화 수 목 금 시간표 스케줄을 배정해 줘. 이를 표(table) 형식으로 보여줘.

시간표를 구성할 때, 각 교사들의 희망 요일과 각각 8시간의 수업시간 배분을 고려하면 아래와 같이 배정할 수 있을 것 같아요.

시간/요일	월	화	수	목	금
1교시	A	A	A	B	A
2교시	A	A	A	B	A
3교시	C	A	C	B	
4교시	C	B	C	B	C
5교시	C	B	C	B	C

6교시		B		C	C
7교시		B		C	
8교시					
9교시					

이 표는 월요일부터 금요일까지의 요일별 교시를 나타내며, 각 셀에는 해당 시간에 수업을 담당하는 교사의 이니셜이 들어가 있습니다. 각 교사는 주간 수업 시간 중 자신의 희망 요일에 8시간씩 수업을 담당합니다.

프롬프트 연습 (19)

- 시간표를 배정하는 담당자로서 동일 교과를 담당한 교사들의 수업 요일과 시간을 배정할 수 있습니다.
- 우리 학교 [교과목] 교사들의 수업시간을 배당하려고 해. [교사 수]명 각각 [시수]시간씩 담당해야 해. [각 교사별 희망 요일 또는 희망 교시] 하루는 [#]교시부터 [#]교시까지야. [요일] 시간표를 배정해 줘. [표(table)] 형식으로 보여 줘.
- (예시1) 우리 학교 수학 교사 A, B, C, D 교사들의 수업시간을 배당하려고 해. 4명씩 각각 6시간씩 담당해야 해. A교사와 B교사는 1, 2, 3, 4교시만 가능하고 C교사와 D교사는 4, 5, 6, 7교시가 가능해. 하루는 1교시부터 7교시까지 구성되어 있어. 네가 시간표를 배정하는 담당자 입장에서 월 화 수 목 금 시간표 스케줄을 배정해 줘. 이를 표(table)형식으로 보여 줘.
- (예시2) 우리 학교 과학 교사 김, 이, 박 교사들의 수업시간을 배당하려고 해. 3명씩 각각 10시간씩 담당해야 해. 하루는 1교시부터 6교시로 구성되어 있어.

  김 교사가 불가능한 시간: 월 3교시, 화 4교시

  이 교사가 불가능한 시간: 화 4교시, 수 1교시, 목 5교시

  박 교사가 불가능한 시간: 목 6교시, 금 2교시, 금 3교시, 금 4교시

위의 요청을 고려했을 때, 네가 시간표를 배정하는 담당자로서 월 화 수 목 금 시간표 스케줄을 배정해 줘. 이를 표(table)형식으로 보여 줘.

Chapter 05

플러그인 확장기능

챗GPT가 만능은 아닙니다. 특히 대부분이 활용하고 있는 GPT-3.5의 성능이 뛰어난 편은 아닙니다. 단순한 계산조차 오류가 발생합니다. 그리고 인터넷 뉴스기사 링크 등을 요약해주지도 않습니다. 이러한 다양한 필요성에 의해 많은 개발자들은 플러그인(plug-in)들을 개발해 두었습니다. 이 플러그인을 활용하기 위해서는 Plus 구독을 하셔서 GPT-4를 활용하셔야 합니다.

5장에서는 수학문제 풀이용으로 개발된 'Wolfram'과 웹링크주소를 주면 그 안의 내용을 분석할 수 있는 'LinkReader'를 살펴보겠습니다.

◆ 플러그인의 설치와 활성화

플러그인을 활용하기 위해서는 유료모델인 GPT — 4를 사용해야 합니다.

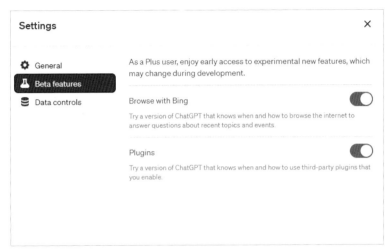

▲ Settings → Beta features → Plugins을 켭니다.

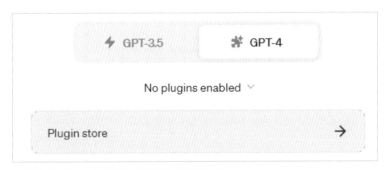

▲ GPT-4선택시, 플러그인 스토어를 방문합니다.

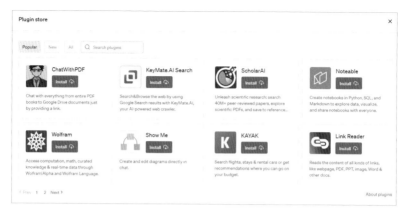

▲ 매우 다양한 플러그인을 검색할 수 있습니다.

수학 계산을 도와준다는 'Wolfram' 플러그인의 설치(install)버튼을 눌러봅시다.

▲ 플러그인을 활용하기 위해서는 체크표시를 눌러서 활성화를 시켜둬야 합니다.

자, 이제 준비는 끝났습니다.

◆ 수학 문제 풀이를 위한 'Wolfram'

대부분의 수학 문제는 'Wolfram' 플러그인 없이도 챗GPT가 풀 수 있습니다. 그러나 복잡한 계산이 필요하거나 그래프를 그릴 때 'Wolfram' 플러그인이 도움을 줄 수 있습니다.

$$f(x) = x^3 + 2x^2 - 7x + 4$$

위 3차 함수의 그래프를 그려봅시다. 수식은 텍스트 스크립트로 바꿔야 합니다. 한글 수식편집기를 쓸 수 있습니다.

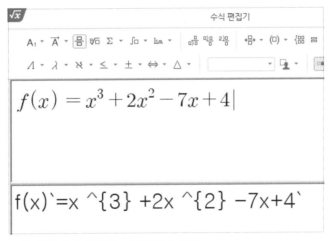

▲ 한컴한글에서 사용하는 수식편집기 화면

챗GPT에게 그래프를 그려달라고 요청하면 보통 못한다고 하거나, 파이썬 코드로 알려줍니다.

f(x)`=x　^{3} +2x　^{2} −7x+4` 그래프를 그려서 보여줘.

주어진 함수 f(x) = x^3 + 2x^2 − 7x + 4의 그래프를 그려보겠습니다.

먼저, 함수의 극점과 변곡점을 찾기 위해 미분해야 합니다. 미분한 후에 얻은 함수의 해를 0으로 설정하여 x 값을 찾으면 됩니다. 그런 다음 이 x 값을 함수에 대입하여 y 값을 구할 수 있습니다.

함수를 미분하면 다음과 같습니다.

f'(x) = 3x^2 + 4x − 7

이제 미분한 함수를 0으로 설정하여 x 값을 찾아보겠습니다.

3x^2 + 4x − 7 = 0

이 방정식을 풀면 x ≈ −2.209, x ≈ 1.042입니다.

이제 주어진 함수의 그래프를 그려보겠습니다.

```plaintext
import numpy as np
import matplotlib.pyplot as plt

x = np.linspace(-5, 5, 400)  # x 값을 -5부터 5까지 400개의 점으로 나누어 줍
니다.
y = x**3 + 2*x**2 - 7*x + 4  # 주어진 함수에 x 값을 대입하여 y 값을 계산합
니다.

plt.plot(x, y, label='f(x) = x^3 + 2x^2 - 7x + 4')
plt.xlabel('x')
plt.ylabel('f(x)')
plt.title('Graph of f(x) = x^3 + 2x^2 - 7x + 4')
plt.legend()
plt.grid(True)
plt.show()
```

위의 파이썬 코드를 실행하면 주어진 함수의 그래프가 나타납니다. 극점과 변곡점을 포
함한 전체적인 형태를 확인할 수 있습니다.

이 코드를 실행하면 보통 저런 그래프를 그릴 수 있지만, 번거롭지요.

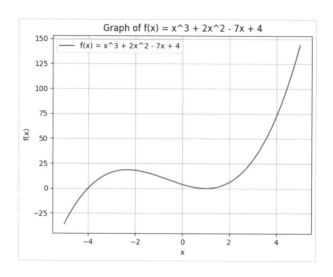

그럼 같은 문제를 'Wolfram' 플러그인을 활성화한 상태에서 풀어주라고 해봅시다. 그 결과를 캡쳐한 화면은 다음과 같습니다.

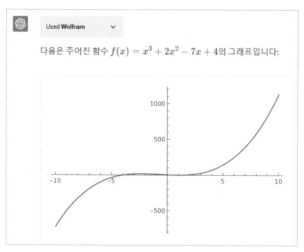

▲ 파이썬 코드 없이 바로 그래프로 보여준다.

프롬프트 연습 (20)

- Wolfram 플러그인을 사용할 때, 수학문제의 수식은 한글파일이나 워드의 수식편집기의 스크립트를 사용합니다.
- [수식편집기의 스크립트], [그래프] 등을 포함하여 수식을 풀어달라고 요청하세요.
- (예시1) 다음 등식이 x에 대한 항등식이 되도록 상수 a, b의 값을 정하시오. $(x+1)^{4} =x^{4}+4x^{3}+ax^{2}+bx+1$ 결과는 그래프로 제공해 줘.
- (예시2) 다항식에 대하여 x의 값과 관계없이 등식 $(x^{2}-1)P(x)+ax+b=x^{3}-2x^{2}+4x-3$`이 항상 성립한다. 이때 상수 a, b의 값은? 결과에 대해 그래프로 그려 줘.
- 프롬프트 20에 관한 share link: https://chat.openai.com/share/5d03d17b-0393-4c3f-9db6-f0110fec8d11

◆ 웹링크를 불러오는 'LinkReader'

PDF나 웹링크를 불러오는 플러그인은 다양합니다. 그 중에 LinkReader를 활용해서 웹 뉴스기사를 불러와봅시다.

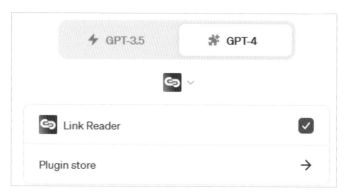

▲ Link Reader 플러그인을 설치 후 활성화한다.

[웹 URL 링크] 이 링크는 학생들에게 미리 읽어오라고 과제를 내준 뉴스기사야. 학생들이 읽어왔는지 테스트하기 위해서 간단한 질문을 해보고 싶어. 먼저, 위 링크의 기사 내용을 간략히 요약해주고, 학생들에게 질문할 거리들을 3가지만 만들어줘.

다음의 뉴스기사의 URL링크를 불러왔습니다. 잘 작동함을 확인할 수 있습니다.

세계일보   PiCK ⓘ

급격한 기후변화 문화재마저 위협 [연중기획-지구의 미래]

입력 2023.04.13 오전 6.02   기사원문

👤 김승환 기자

👍 3   💬 댓글   😊 ◁》 까가 ↪ 🖨

호우·태풍·산불 등 재해 따른 피해
2017년 22건→2022년 154건 급증

기후위기 일깨운 힌남노
비바람에 토사 뒤덮인 굴불사지석불상
접근금지 띠 둘러싸여 당시 참상 대변
서악동 고분군도 흙더미 속살 드러내

건축문화재 30년 후 강수노출 6배
강수강도 **20㎜** 이상 비율 **22.7%** 증가
목조문화재도 **1.2%**서 **17.8%**로 늘어나
폭염일수는 **20일** 이상 비중 **30%** 육박

기후변화 최상위계획 누락
법사위서 국가유산기본법안 심사 진행
문화재청 '기후변화 대응안' 초안 작성
"구체적 노력 위해 예산·인력 확보 시급"

이 기사는 기후 변화가 문화재에 미치는 영향에 대해 다루고 있습니다. 기후 변화로 인한 호우, 태풍, 산불 등의 자연재해가 문화재에 피해를 주고 있으며, 이는 2017년의 22건에서 2022년에는 154건으로 급증하였습니다. 특히, 태풍 힌남노로 인해 경주의 굴불사지석불상이 토사에 덮여 큰 피해를 입었고, 이와 같은 문화재 피해는 기후 변화로 인한 결과물로 볼 수 있습니다. 또한, 기후 변화로 인해 극단적인 강수와 폭염이 늘어나면서 문화재에 대한 위협이 증가하고 있습니다. 그러나 정부의 기후 변화 적응 대책에서는 문화재에 대한 내용이 빠져 있는 상황입니다.

학생들에게 질문할 수 있는 내용은 다음과 같습니다.

1. 기사에서 언급된 태풍 힌남노가 문화재에 어떤 피해를 주었는지 설명해보세요.
2. 기사에 따르면, 기후 변화로 인해 어떤 자연재해가 문화재에 가장 많은 피해를 주었나요?
3. 기사에서는 정부의 기후 변화 적응 대책에서 문화재에 대한 내용이 빠져 있다고 지적하고 있습니다. 이에 대해 어떻게 생각하시나요?

프롬프트 연습 (21)

- Link Reader 플러그인을 사용할 때, 웹 페이지, PDF 문서, PowerPoint 프레젠테이션, 이미지, Word 파일을 사용할 수 있습니다. 구글 문서의 링크를 사용하여 [요약해 줘], [읽어 줘], [해석해 줘], [분석해 줘], [이해해 줘], [특정 링크 URL] 등을 포함하여 링크의 정보를 처리하도록 요청하세요.
- (예시1) 이 링크의 내용을 요약해 줘. https://today.jnu.ac.kr/WebApp/web/HOM/COM/Board/board.aspx?boardID=146&bbsMode=view&page=1&key=16928
- (예시2) 이 링크의 내용을 해석해 줘. http://tribune.cnumedia.com/news/articleView.html?idxno=12973
- 프롬프트 21에 관한 share link: https://chat.openai.com/share/7f42a49c-a8d2-43dd-9189-c3d7ba274578

부록
프롬프트 모아보기

Chapter 01

프롬프트 작성 기본 가이드

◆ **대화 맥락을 충분히 알려주세요.**

🖥 중학교 3학년 학생들이 과학 교과에서 '멘델이 밝힌 유전원리'에 대한 주제로 수업
받을 예정이야. 학습목표는 '유전의 뜻을 알고 멘델의 실험과정을 설명할 수 있다'이
며, 학생들이 수업을 잘 들었는지 확인하기 위한 형성평가용 과학문제 3문제를 만
들어 줘. 단원의 세부 내용은 (1) 유전의 정의, (2) 멘델의 실험과정, (3) 분리의 법
칙이다.

🖥 중학교 2학년 학생들이 역사교과에서 '세계대전과 국제질서의 변화'에 대한 주제로
수업을 받을 예정이야. 학생들의 주의 집중을 유도하기 위해 '1차 세계대전이 일어
난 이유'에 대해서 지적 궁금증을 유발할 수 있는 짧은 토픽을 제안해 줘.

◆ **적절한 역할을 부여해주세요**

🖥 GPT 너의 역할은 20년 차 고등학교 3학년 담임 선생님이야. A라는 학생이 수업태
도가 불량하고 교사의 권위에 도전하며, 험한 말을 자꾸 내뱉어. 이와 관련하여 부
모님을 모시고 상담을 진행하려 해. 부모님께 문제를 언급하고, 해결 방안에 대한
대화를 진행하기 위해 담임 선생님으로서 해야 할 말을 구어체로 제시해 줘.

🖥 GPT 너의 역할은 5년차 고등학교 1학년 상담 선생님이야. B라는 학생이 수업태도
가 불량하고 교사의 권위에 도전하며, 험한 말을 자꾸 내뱉어. 이와 관련하여 부모
님을 모시고 상담을 진행했어. 이러한 상담과정이 잘 진행되었는지 상담전문가에게
슈퍼비전을 받고 싶어. 초보 상담자로서 대화를 시작하기 위해 해야 할 말을 구어체
로 제시해 줘.

◆ 답변의 분량과 스타일을 지정해주세요

🖥 GPT 너는 대학교수야. 중학교 2학년 과학교과목 '멘델의 독립의 법칙'에 대해서 과학교과 예비교사를 대상으로 설명하려고 하는데, 대학생이 이해할 수 있도록, 답변의 길이를 50단어 수준으로 길게, 문어체로, 전문적 용어를 포함하여 간결하게 설명해 줘.

🖥 GPT 너는 10년차 중학교 과학교사야. 중학교 2학년 과학교과목 '멘델의 독립의 법칙'에 대해서 중학생 2학년을 대상으로 설명할 거야. 중학생이 이해할 수 있도록 최대한 쉽고 간단한 비유를 들어주고, 답변의 길이를 250단어 수준으로 길게, 구어체 방식으로 제시해 줘.

◆ 학습자 수준 분석을 위한 문제 생성

🖥 중학교 과학에서 '하루 동안 태양과 달의 위치가 달라진다는 것을 지구의 자전으로 설명할 수 있다'를 평가할 수 있는 4지 선다형 문제를 '상-중-하'별로 2개씩, 총 6개의 문제를 작성해 줘. 각 문제에 대한 정답도 해설과 함께 제시해 줘.

🖥 중학교 수학 교과에서 '이차방정식'을 평가할 수 있는 단답형 문제를 '상중하'별로 2개씩, 총 6개의 문제를 작성해 줘. 각 문제에 대한 정답도 해설과 함께 제시해 줘.

◆ 학생 맞춤형 수업지도안 초안 개발

🖥 중학교 1학년 수학 교과에서 '최소공배수'에 대한 주제로 수업을 하려고 해. 수업 모형은 문제기반학습(PBL: problem-based learning)으로, 조별활동은 직소우(Jigsaw) 모형을 적용하여 수업지도안을 제안해 줘.

🖥 중학교 1학년 국어 교과에서 '면담하기'에 대한 주제로 수업을 하려고 해. 수업 모형은 협동학습(cooperative learning)이고 학생 활동이 많은 수업이면 좋겠어. 수업시간은 45분이야. 다음 사항을 만족하는 수업지도안을 만들어 줘.

  – 성취기준: 목적에 맞게 질문을 준비하여 면담한다.

  – 평가기준(상): 면담 목적과 면담 대상에 적합한 질문을 체계적으로 준비하여 면담 상황에 맞도록 적절하게 질문하며 면담을 하고 이를 바탕으로 기사문의 형식에 맞게 면담 기사문을 쓸 수 있다.

◆ 학습목표-수업활동-평가문항의 일치

🖥 중학교 음악교과의 '표현하며 소통하기' 단원의 수업을 설계하려 해. 학습목표는 '악
곡의 특징을 이해하며 개성 있게 노래를 부르거나 악기로 연주할 수 있다'야. 이를
위한 (1) 수업활동을 설계해 줘. 수업활동 시간은 45분이고, 프로젝트형으로 설계해
줘. (2) 학습목표 달성을 평가하기 위한 평가문항을 수행평가 형태로 2개 작성해 줘.

🖥 고등학교 '확률과 통계' 과목에서 '확률' 단원의 수업을 설계하려고 해. 학습목표는
'조건부확률의 의미를 이해하고, 이를 구할 수 있다'야. 이를 위한 (1) 학습활동을 설
계해 줘. 학습활동 시간은 50분이고, 협동학습으로 설계해 줘. (2) 학습목표 달성을
평가하기 위한 평가문제를 선다형 형태로 2개 작성해 줘. 각 문제에 대한 정답을 제
시해주고, 정답에 대한 해설도 설명해 줘.

수업 방법 및 전략 추천받기

🖥 고등학교 통합과학에서 '환경과 에너지-생태계와 환경' 단원의 수업을 설계하려고
해. 학습목표는 '에너지가 전환될 때의 에너지 보존 법칙을 설명할 수 있다'야. 학습
목표 달성을 위한 수업방법 및 전략을 2개를 제시해 줘. 그리고 각 방법 및 전략마
다 활용할 수 있는 수업 활동을 2개씩 추천해주고, 활동별 시간, 주의사항 및 고려
사항도 함께 제시해 줘.

🖥 고등학교 영어권 문화 과목에서 '생활양식, 풍습, 사고방식' 단원의 수업을 설계하려
고 해. 학습목표는 '영어권 문화에 대한 글을 읽고, 생활양식, 풍습, 사고방식 등을
파악할 수 있다'야. 수업시간은 50분씩 2차시 분량이야. 학습목표 달성을 위한 수업
방법 및 전략을 2개를 제시해 줘. 그리고 각 방법 및 전략마다 활용할 수 있는 수업
활동을 2개씩 추천해주고, 활동별 시간, 주의사항 및 고려사항도 함께 제시해 줘.

◆ 사전학습을 위한 핵심 용어집 제작

🖥 고등학교 '윤리와 사상' 교과의 '동양과 한국윤리사상' 단원의 수업을 설계하려고 해.

'동양 윤리사상들, 한국 윤리사상들, 선진유교, 이황, 이이, 심성론, 수양론, 조선 성리학, 정약용, 실학, 대승불교, 중관사상, 유식사상, 교종, 선종, 한국불교, 노자, 장자, 도교, 도양의 이상적 인간상'에 대한 내용이야. 이 단원을 학습하는 데 필요한 핵심개념들을 용어집(glossary of terms)으로 제공해 줘.

💻 고등학교 '화학Ⅱ' 교과의 '물질의 변화−에너지 출입' 단원의 수업을 설계하려고 해. '엔탈피, 열화학반응식, 헤스 법칙, 화학 전지, 전지분해, 수소연료 전지'에 대한 내용이야. 이 단원을 학습하기 위해 알고 있어야 할 기본 핵심개념들을 용어집(glossary of terms)으로 제공해 줘.

◆ PPT 작성을 위한 슬라이드 개요 작성

💻 중학교 3학년 '역사2' 과목에서 '고려의 성립과 변천' 단원의 수업을 설계하려고 해. '고려의 대외 관계'에 대한 내용이야. 수업은 45분 동안 진행이 되는데, 수업을 진행할 때 활용할 PPT 슬라이드를 20장 내외로 만들어 줘. 슬라이드별로 제목과 내용을 개조식으로 작성해 주고, 불릿 포인트로 구분해서 제작해 줘.

💻 고등학교 '세계지리' 과목에서 '쾨펜의 기후구분' 단원에 대한 수업을 설계하려고 해. '열대우림, 온대기후, 사막기후, 툰드라 기후, 냉대기후'에 대한 내용이야. 수업은 50분 동안 진행되는데, 수업을 진행할 때 활용할 PPT 슬라이드를 10장 내외로 만들어 줘. 슬라이드별로 제목과 내용을 개조식으로 작성해 주고, 불릿 포인트로 구분해서 제작해 줘.

◆ 스캐폴딩을 위한 우수 예시 제시

💻 중학교 1학년 과학 과목의 힘의 작용 단원을 가르치고 있어. 중력, 탄성력, 마찰력, 부력의 특징이 일상생활 속에서 잘 드러날 수 있는 통합적인 예시를 만들어 줘. 제목은 '일상생활 속의 힘'이야.

💻 중학교 2학년 사회 과목의 일상생활과 법 단원을 가르치고 있어. 법의 의미, 법의 특징, 법의 필요성이 통합적으로 나타날 수 있는 일상생활 속에서 접하는 법의 사례

1개를 만들어 줘. 제목은 '철수와 법'이야.

◆ 사고력 증진을 위한 토론 주제 제시

🖥 중학교 2학년 사회 교과목을 가르치고 있어. '다양한 세계, 다양한 문화' 단원에서 '문화적 차이의 발생 이유', '다른 문화 간의 갈등'이라는 주제를 가지고 토론 수업을 하려고 해. 이 주제와 관련하여 학생들의 사고력을 높일 수 있는 토론 주제를 3개 만들어주고, 그 토론 주제가 중요한 이유를 설명해 줘.

🖥 중학교 2학년 도덕 교과목을 가르치고 있어. '사회·공동체와의 관계' 단원에서 '정의로운 국가의 조건', '정의로운 사회'라는 주제를 가지고 토론 수업을 하려고 해. 이 주제와 관련하여 학생들의 '윤리의식'과 '공동체의식'을 높일 수 있는 토론 주제를 3개 만들어주고, 그 토론 주제가 선정된 이유를 설명해 줘.

◆ 수행 촉진을 위한 피드백과 가이드

🖥 중학교 1학년 '문자와 식' 단원을 가르치고 있어.
문제는 $(x+y)*(xy)+(x^2y)=?$이야. 이 문제를 풀기 위해 필요한 지식을 위계적으로 분석해 줘. 그리고 그 단계에 도달하지 못하는 학생들에게 제공할 수 있는 피드백 방안을 알려 줘.

🖥 중학교 2학년 수학 과목의 '함수' 단원을 가르치고 있어. $y=x$라는 1차 함수와 $x-y=0$이라는 일차방정식의 관계를 이해하기 위한 교수학습 계열 지식을 위계적으로 분석해 줘. 그리고 1차함수와 일차방정식의 관계를 이해하지 못하는 학생들에게 제공할 수 있는 피드백 방안을 알려 줘.

◆ 학생 수준을 고려한 맞춤형 문제 생성

🖥 중학교 3학년 과학 교과목을 가르치고 있어. '운동과 에너지-에너지 전환과 보존'

단원에서 '자석의 운동과 전류의 발생', '위치 에너지와 운동 에너지의 전환'과 관련하여 어려운 문제와 쉬운 문제를 3개씩 만들어주고 답안과 해설도 생성해 줘.

🖥 중학교 1학년 도덕 교과목을 가르치고 있어. '타인과의 관계' 단원에서 '정보화 시대의 도덕적 자세와 책임'과 관련하여 고난이도 문제와 기본 문제를 3개씩 만들어주고 답안과 해설도 생성해 줘.

◆ 자기주도학습을 위한 체크리스트 생성

🖥 중학교 역사 교과목을 배우고 있어. '고려의 성립과 변천' 단원에서 '고려의 후삼국 통일과 체제 정비 과정', '고려와 송, 거란, 여진과의 관계'의 학습목표를 달성하기 위한 체크리스트를 생성해 줘.

🖥 고등학교 통합과학 교과목을 배우고 있어. '화학변화' 단원에서 '산과 염기의 중화반응', '생활 주변의 산과 염기 물질'의 학습목표를 달성하기 위한 체크리스트를 생성해 줘.

◆ 글쓰기 과제를 위한 피드백

🖥 다음은 초등학교 6학년 학생이 국어 수업시간에 '독서의 필요성'을 주제로 작성한 논설문이야. 이 글을 평가하기 위해 주장의 타당성, 근거의 적절성, 논설문의 짜임새, 예상 독자 고려, 단어와 문장의 적절성 및 정확성에 따라 평가하고, 피드백을 제공해 줘.

🖥 다음은 고등학생이 '생명이 있는 것은 다 아름답다'라는 책을 읽고, '동물과 인간의 삶은 어떻게 보아야 하는지 현상과 본질의 측면에서 자신의 견해를 제시하시오'라는 논제에 대해 작성한 독서논설문이야. 평가 기준은 '창의적 사고력', '문제해결력', '문장력 및 표현력'이야. 평가 기준에 따라 학생의 글을 평가하고, 각 평가 기준에 따른 개선방안을 알려 줘. 그리고 전체적인 피드백과 총평을 제시해 줘.

◆ 루브릭 설정과 피드백 생성

🖥 고등학생이 작성한 독서논술문을 평가하기 위한 평가 루브릭을 만들어 줘. 평가 기준은 세 가지로 구성해주고, 평가 기준별 배점은 10점, 총점은 30점으로 구성해 줘.

🖥 (이어서) 위에서 작성한 루브릭에 따라 이 글을 평가해주길 바라. 이 글은 고등학생이 '생명이 있는 것은 아름답다'라는 책을 읽고, '동물과 인간의 삶은 어떻게 보아야 하는지를 현상과 본질의 측면에서 자신의 견해를 제시하시오'라는 논제에 대해 작성한 독서논설문이야.

◆ 여러 학생의 글쓰기 과제 비교 평가

🖥 다음은 "함께 만들어가는 기록이야기"를 주제로 초등학생이 작성한 산문이야. 백일장 평가 기준에 따라 세 명의 학생의 글을 평가하고 순위를 매겨서 결과를 비교해 줘. 먼저 A 학생의 글을 기억해 줘. // 이제 B 학생의 글을 기억해 줘. // 이제 C 학생의 글이야. 기준에 따라 A, B, C 학생의 글에 대해 평가 점수를 매기고, 세 학생 글의 순위를 매겨 줘.

🖥 다음은 고등학생이 작성한 시 작품이야. 세 학생의 작품을 평가하고, 등위를 매기려고 해. 등위는 금상, 은상, 동상이야. 청소년 백일장 운문 평가 기준을 고려해서 학생들 작품을 평가하고, 점수를 매겨 줘. 먼저 A 학생의 작품을 기억해 줘.// 다음은 B 학생의 작품을 기억해 줘. // 마지막으로 C 학생의 작품을 기억해 줘. // 이제 A, B, C 학생의 작품을 비교하여 등위를 매겨 줘.

◆ 우리 반 학급 규칙 작성

🖥 난 초등학교 4학년 반의 담임선생님을 맡게 되었어. 우리 반의 학급규칙을 만들려고 해. 우리 반은 학교폭력이 많아서 학교폭력과 관련된 규칙 리스트를 5개 만들어주면 좋겠어. 각 규칙을 어겼을 때 어떤 결과를 초래하는지도 개조식으로 만들어서 설명해 줘.

🖥 난 고등학교 2학년 영어교사야. 영어시간에 학생들이 지켜야 할 수업규칙을 만들려고 해. 간단한 규칙 리스트를 10개 만들어주면 좋겠어. 학생들이 알기 쉽게 만들어 줘.

◆ 교사들 시간표 배정

🖥 우리 학교 수학 교사 A, B, C, D 교사들의 수업시간을 배당하려고 해. 4명씩 각각 6시간씩 담당해야 해. A교사와 B교사는 1, 2, 3, 4교시만 가능하고 C교사와 D교사는 4, 5, 6, 7교시가 가능해. 하루는 1교시부터 7교시까지 구성되어 있어. 네가 시간표를 배정하는 담당자 입장에서 월 화 수 목 금 시간표 스케줄을 배정해 줘. 이를 표(table) 형식으로 보여 줘.

🖥 우리 학교 과학 교사 김, 이, 박 교사들의 수업시간을 배당하려고 해. 3명씩 각각 10시간씩 담당해야 해. 하루는 1교시부터 6교시로 구성되어 있어.
- 김 교사가 불가능한 시간: 월 3교시, 화 4교시
- 이 교사가 불가능한 시간: 화 4교시, 수 1교시, 목 5교시
- 박 교사가 불가능한 시간: 목 6교시, 금 2교시, 금 3교시, 금 4교시
위의 요청을 고려했을 때, 네가 시간표를 배정하는 담당자로서 월 화 수 목 금 시간표 스케줄을 배정해 줘. 이를 표(table) 형식으로 보여 줘.

◆ 수학 문제 풀이를 위한 'Wolfram'

🖥 다음 등식이 x에 대한 항등식이 되도록 상수 a, b의 값을 정하시오. $(x+1)^{4} = x^{4}+4x^{3}+ax^{2}+bx+1$ 결과는 그래프로 제공해 줘.

🖥 다항식에 대하여 x의 값과 관계없이 등식 $(x^{2}-1)P(x)+ax+b=x^{3}-2x^{2}+4x-3$'이 항상 성립한다. 이때 상수 a, b의 값은? 결과에 대해 그래프로 그려 줘.

🖥 share link: https://chat.openai.com/share/5d03d17b-0393-4c3f-9db6-f0110fec8d11

◆ 웹링크를 불러오는 'LinkReader'

🖥 이 링크의 내용을 요약해 줘. https://today.jnu.ac.kr/WebApp/web/HOM/COM/Board/board.aspx?boardID=146&bbsMode=view&page=1&key=16928

🖥 이 링크의 내용을 해석해 줘. http://tribune.cnumedia.com/news/articleView.html?idxno=12973

🖥 share link: https://chat.openai.com/share/7f42a49c-a8d2-43dd-9189-c3d7ba274578

참고문헌

정제영, 조현명, 황재운, 문명현, 김인재 (2023). 챗GPT 교육혁명. 포르체.

조정연 (2023). 교사와 학생을 위한 챗GPT 완벽 가이드. 위키북스.

Herft, A. (2023). A Teacher's Prompt Guide to ChatGPT aligned with 'What Works Best'. Retrieved from https://usergeneratededucation.files.wordpress.com/2023/01/a−teachers−prompt−guide−to−chatgpt−aligned−with−what−works−best.pdf

Stern, K. (2023, May). 3 ways school leaders can combine CHatGPT and K12 to save time. Retrieved from https://districtadministration.com/3−ways−school−leaders−can−combine−chatgpt−and−k12−to−save−time/

저자소개

임태형(전남대학교 교육문제연구소 연구교수)

전남대학교 국어교육과 학부와 교육학과에서 교육공학 석사 졸업 후 플로리다주립대에서 교육공학 전공으로 박사학위를 받았다. 현재 전남대학교 교육문제연구소 학술연구교수로 재직 중이며, 전남대학교 교육대학원 AI융합교육전공 및 광주교육대학교에도 출강하고 있다. AI융합교육, 가상현실, 메타버스 등 기술과 교육의 융합에 대해 연구를 수행중이다.

류지헌(전남대학교 교육학과 교수)

고려대학교 교육학과 학부 및 석사 졸업 후 플로리다주립대에서 교육공학 전공으로 박사학위를 받았다. 현재 전남대학교 사범대학 교육학과 교수이다. 가상현실과 인공지능을 융합한 디지털 휴먼 및 학습환경 설계에 관련한 연구를 하고 있다. 가상현실, 메타버스, 인공지능 관련 국내·외 연구 논문을 게재했으며, 주요 저서와 역서로는 《수업역량 강화를 위한 교육방법 및 교육공학》, 《모바일 HCI를 위한 연구 방법론》이 있다.

교사를 위한
챗GPT 활용 핸드북

초판발행	2023년 6월 22일
중판발행	2023년 11월 15일
지은이	임태형·류지헌
펴낸이	노 현
편 집	전채린
기획/마케팅	조정빈
표지디자인	이수빈
제 작	고철민·조영환
펴낸곳	㈜ 피와이메이트
	서울특별시 금천구 가산디지털2로 53, 210호(가산동, 한라시그마밸리)
	등록 2014. 2. 12. 제2018-000080호
전 화	02)733-6771
f a x	02)736-4818
e-mail	pys@pybook.co.kr
homepage	www.pybook.co.kr
ISBN	979-11-6519-433-8 93370

copyright©임태형·류지헌, 2023, Printed in Korea

* 파본은 구입하신 곳에서 교환해 드립니다. 본서의 무단복제행위를 금합니다.

정 가	8,000원

박영스토리는 박영사와 함께하는 브랜드입니다.